한국 반도체의 미래 3년

한국 반도체의 미래 3년

2027년 반도체 골든 타임, 무엇을 준비하고 실현할 것인가

ⓒ 박준영 2025

초판 발행 2025년 6월 10일

지은이   박준영
펴낸이   고진
편집   JK CLUB
디자인   육일구디자인
마케팅   김학흥
펴낸곳   (주)북루덴스
출판등록   2021년 3월 19일 제2021-000084호
주소   서울시 중구 을지로 새 특 4-2호
전자우편   bookludens@naver.com
전화번호   02-3144-2706
팩스   0503-8379-4876

ISBN 979-11-986790-6-2 03320

2027년 반도체 골든 타임, 무엇을 준비하고 실현할 것인가

한국 반도체의 미래 3년

박준영 지음

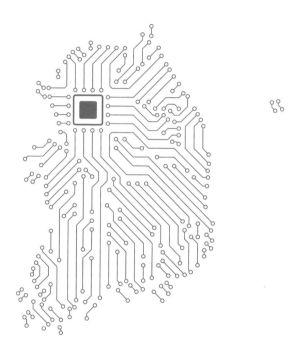

Korea's Semiconductor Future: The Next Three Years

북루덴스

프롤로그

 2024년 12월, 한국 반도체 50주년을 맞이해 조촐하게 행사가 진행되었다. 1974년 12월 1일, 삼성의 '한국반도체'(강기동 박사가 1974년 1월에 설립한 최초의 반도체 회사) 인수 시기를 원년으로 삼은 것이다. 조촐한 행사가 보여주듯 K-반도체는 현재, 시계 제로의 시간에 놓여있다. K-반도체가 샌드위치 위기에 몰려있다는 것은 다양한 방면에서 드러나고 있다. 자국 이익에 몰두하고 있는 미국은 반도체 설계와 생산을 모두 장악하려고 시도하면서, 생산 우위에 있는 수많은 아시아 반도체 회사 생산기지를 자국 내에 짓도록 강요하고 있다. 더군다나 중국은 반도체 설계에서는 이미 글로벌 수준에 올라와 있고, 생산 또한 우리나라와 2년 남짓의 격차를 유지하며, 그 간격을 줄여오고 있다. 다른 한편으로는 2022년에 모든 사람이 체감할 AI 기술이

나왔다. 그 파급효과와 산업의 변경까지는 예상조차 어려운 상황이다.

그간 메모리 반도체를 중심으로 급격한 산업 발전을 일으켰던 K-반도체는 예전보다 못한 초격차 기술력과 기술적 한계에 다다랐다는 불안감이 커지고 있다. 특히 삼성은 경영진들이 재무적 관점으로 기업을 운영하다 보니 기업과 산업에 막대한 피해를 끼치고 있다. 제품 설계와 생산의 큰 사이클에서 한두 번 뒤처지기 시작했다. 리더십 부재에 따른 의사결정의 실수, 조직 내 불안과 불신, 이를 타고 흐르는 반목과 갈등이 발생했다. 그 결과 소위 초격차의 주체였던 메모리 제품이 경쟁적인 구도로 바뀌어 버렸고, 새로운 성장동력이자 추격하려던 시스템 반도체의 제품은 초격차의 대상이 되어서 경쟁력을 상실해 가고 있다.

『한국 반도체의 미래 3년』은 K-반도체 과거-현재-미래의 현장에 주목한다. 인류학 연구자이자 반도체 업계 전문가인 나는 투자, 경제, 기술 전문가들이 반도체를 바라보는 것에 불만이 많다. 그들은 TSMC보다 삼성이 왜 못하고 있는지, 왜 우리나라에는 반도체 장비회사(본문에서 장비회사와 설비회사를 혼용해서 썼다)가 없는지, 첨단 기술이 있는데 왜 실현하지 못하느냐 하며 위기론만을 펼친다. 제품 수율을 높이는 것이 중요한데, 어떻게 높일 수 있고, 정책적 방향은 무엇인지 답을 내놓지 못한다.

나는 10년의 삼성 반도체 연구원과 인사과장의 경력에 10년의 IT,

반도체 산업계, 정부 기관의 강의와 컨설팅 경력을 바탕으로 반도체 산업을 실재적으로 경험했다. 나는 업계의 일원이자, 한 걸음 떨어진 인류학의 시선으로써 20년 동안 반도체 업계에 있으면서 직면한 환경과 사람에 집중한다. 20년 동안 현장에서 수십 명의 인터뷰를 진행했고, 기존의 통념에 이의를 제기한다.

『한국 반도체의 미래 3년』은 반도체 산업을 중심으로 세 가지 문제 의식으로 출발한다. 첫째, 반도체 산업의 위기는 무엇으로부터 도래하는가? 둘째, 현재 반도체 산업의 균열의 원인과 현장의 상황은 어떠한가? 셋째, 인공지능 기반의 자동화와 글로벌화, 외주화를 비롯한 반도체 산업 체계에서 효과적인 해결책은 무엇인가? 세 가지 질문의 궁극적인 질문은 결국 '한국 반도체 산업은 어떻게 흘러왔으며, 기술과 산업, 인력 변화에 따른 미래는 어떻게 구성될 수 있는가'이다. 반도체 산업은 이론이 아니라 실전이며, 머리를 싸매고 최첨단의 연구에 도전하면서도, 머리카락에서 불량인 파티클 하나가 빠져나올까 방진모를 다시금 써야 하는 이중성을 담보하고 있다.

전체 구성은 4개 PART로 이뤄졌다. PART1은 HBM 사태를 비롯, 메모리 반도체 수성이 흔들리는 삼성의 진짜 문제는 무엇인지를 분석했다. 기존에 유효했던 카리스마 있는 리더가 장악했던 역동성이 현재 무엇으로 변모했는지를 살핀다. 또한 현장을 면밀히 바라보지 못하면 알 수 없는 기술자 중시는 물론, 연구개발과 제조 기술 간의 차별이 현재 흔들리는 기반임을 진단한다.

PART2는 삼성과 TSMC를 중심으로 특히 외부 환경에 있어서 어떠한 변화가 있었는지 살핀다. 90% 이상이 같은 장비를 활용하는 두 회사에서 전력과 수율 문제가 어떻게 발생하고, 어느 시기 결정적인 변화를 겪게 되었는지를 신중히 분석한다. 그리고 현재 삼성과 TSMC가 글로벌 협력에 어떤 차이를 보이는지 제시한다. 이는 단순한 경영전략의 문제뿐만 아니라, 생태계 차원에서의 근본적 차이이며, 그 결과 신뢰와 위임, 불신과 반목의 효과가 드러남을 말한다.

PART3는 한국 반도체 생태계에 집중하며 미래 3년의 생존을 위한 방향을 구체적으로 제시한다. 2027년 반도체 골든 타임을 맞아 한국 반도체는 무엇을 준비하고 실현할 것인가? 그것에 대한 구체적 대안을 시기와 정책 대안으로 나누어 제시한다.

PART4는 진정한 현장의 영웅들을 재조명한다. 반도체 산업의 중흥을 이끌었음에도 자동화로, 혹은 경영 전략상으로 이름이 사라졌던 이들의 얼굴과 말들을 모아서 세운다. 제조 현장에 과노동의 희생, IMF의 위기를 몸소 겪었던 오퍼레이터를 비롯, 자동화 위기에 몰리는 설비 엔지니어들의 피와 땀 그리고 빛나는 연구개발의 성과뿐만 아니라, 기계장치를 다루고 반도체를 제작하는 데 헌신했던 사라진 이들을 제시하며, 한국 반도체의 미래는 다시 인간과 사회를 위해야 함을 역설한다.

차례

PART 1

프레임이 바뀌었다

왜 삼성은 위기인가

졸업을 앞둔 어느 취업생이 1:1 컨설팅에서 진지한 말투로 물었다. 그는 삼성전자 반도체의 인턴십 중이었는데, 삼성 공채에 붙게 되면 하이닉스에 가지 못하는 것이 아니냐고 걱정하고 있었다. 삼성 인턴십에 들어왔으니, 특별히 인턴십을 망치지 않은 바에야, 하늘 높은 줄 모르고 치솟는 인·적성 시험도 면제이고, 곧바로 면접만 보면 되기 때문에 다른 지원자들보다 월등히 좋은 위치에 있었다. 그렇지만 그 인턴은 하나같이 다른 회사로 지원하라는 선배들의 말을 들었고, 업무 회의 때 들어가도 '이렇게 엉망인 곳이 있었나?' 싶다는 느낌이 들었다고 했다. 나는 이런 생경한 광경을 바라보면서, 삼성과 한국 반도체 산업은 정말 괜찮은지, 걱정스러웠다. 비단 갑작스럽게 취업 선호도 1위에서 6위로 떨어진 삼성과 3위에서 1위로 올라간 SK하이닉스의 현상만을 말하는 것은 아니다.

2024년 AI가 전면에 등장하면서 HBMHigh bandwidth Memory 고대역폭
메모리의 품귀 현상에 따라 급작스럽게 바뀐 메모리 시장의 판도는 삼
성과 하이닉스의 판도 뿐만 아니라, 반도체 산업 전체에 대한 근본적
인 의문을 갖게 만들었다. 그 의문은 삼성을 최정점으로 했던 한국 반
도체 산업이 균열이 아니냐는 질문이다. 이것을 어떻게 해결하는 것
에 따라서 한국 반도체 산업(혹은 삼성이라는 거함)은 가라앉을 수도
있을 것이다. 왜 이렇게 되었을까? 그것은 경영학, 기업 연구에서 그
토록 외쳤던 삼성의 성공 방식에 대한 의문이다. 그룹 총수의 의사결
정, 그룹 조직의 컨트롤 그리고 계열사의 기술 전문성이라는 삼각편
대에 금이 가고 있는 것을 의미한다.

1993년 이후, 삼성은 메모리 반도체 세계 1등을 30년간 지켜왔다.
게다가 삼성은 2030년 시스템 반도체 세계 1등이 되겠다는 목표를
가시화했다. 그렇지만 이제는 메모리 반도체 1등마저 흔들리는 위기
에 빠졌다. 이유는 명백하다. 종합반도체회사로서 반도체 모든 생산
체계를 정복하겠다는 목표를 버리지 못했기 때문이다. 이는 반도체
산업이 경쟁적 협력체계로 바뀌었음에도 압도적 기술력이 없는 상황
에서 기존의 헤게모니를 유지하려고 했기 때문이다. 그 구체적인 모
습은 2022년 Open AI가 등장하고, 시스템 반도체 중에서 GPU를 만
드는 엔비디아NVIDIA가 영업이익률 70%를 상회했을 때, 이 흐름을
패스트 팔로워fast follower로서 쫓아가지도 못했을 뿐만 아니라, 엔비디
아와 협력하지 않고 경쟁하려고 했던 경영 판단의 오류로 나타났다.

한 줄 핵심 요약

삼성은 모든 것을 장악하는 기존 방식이 아니라 글로벌 협력 체계로 탈바꿈해야 한다.

역동의 삼성은 어디에 있는가

삼성의 미래 3년은 우울일까, 역동일까? 우울은 인텔과 보잉의 길을 걷는 방식일 것이다. 그러나 역동은 불안을 뚫고 나왔던 IBM이나 TSMC의 방식일 것이다. 우울과 역동을 가르는 힘은 '애도 가능성'에 달려있다고 지그문트 프로이트Sigmund Freud와 주디스 버틀러Judith Butler가 말했다. 인간이나 사회가 어려움을 당했을 때, 이것을 딛고 일어서느냐 혹은 주저 앉느냐는 어려움의 원인을 명확히 알고, 상처 치유와 회복하는데 달려있다. 곧, 일어난 일에 대해 충분히 애도할 수 있는가이다. 사회적 참사에 원인을 규명하려는 것이나 의문사에 대한 과거사 위원회가 생겨나는 것과 마찬가지다. 현재 삼성이나 한국 반도체 산업의 어려움이 다시금 역동적 기회가 되려면 반도체 사람들을 억압해 왔던 원인을 명백히 밝히고, 애도 가능성을 확보하는 것이다.

억압의 삼성이었다. 억압의 도구는 두려움이었기에 삼성의 임직원이라면 누구나 눈에 보이지 않는 두려움을 마음에 가둔다. 그 두려움은 타율적, 자발적 순종을 만들었다. 타율적인 순종은 처벌이 두렵기 때문이다. 삼성은 기술 유출에 대한 보안 문제 혹은 직원 관리에서 KS(관심), MJ(문제) 등을 동원하면서 사외, 사내적으로 직원들을 어린아이들처럼 대했다. 업계에서는 비밀도 아닌 사항에 대해서 임직원들조차 '보안'이라며 입을 닫는다. 그것을 관리했던 사람들은 최선을 다해서 사내 경찰 역할을 해왔다. 비등한 예로, 몇 년간 사내에서 '삼성인 이러지 맙시다'라며 인사상 처벌 사례를 안내하며, 처벌의 두려움을 전달했다. 자발적 순종은 삼성이 국내 최고의 회사이기 때문에 여기서 뼈를 묻는다거나 소위 '대감집 머슴' 서사로 작동했다. 내부 사정이 아무리 버거워도 바깥으로 삼성을 비판하지 않는다. 무엇인가 국내 최고의 회사로써 브랜드를 놓고 싶지 않다는 착각 때문이기도 하다.

이제 두려움으로 관리하던 삼성의 방식은 막다른 골목에 도달했다. SK하이닉스의 등장이 그 사례이다. 더군다나 역설적으로 삼성이 만든 IT기술은 타율적 인사관리의 한계를 드러내게 했다. 아무리 직원을 탈법적으로 강화하거나 제지하려 해도, 게시판에 올리면 그만이다. 아직도 '우리가 삼성인데'라는 시대착오적인 인사 담당자들은 자신의 한계를 여실히 드러내며 삼성 바깥으로의 이탈과 숙련자들의 낙담을 가속화했다.

억압의 방식은 더 이상 통하지 않는다. 어떻게 역동의 삼성으로 바뀔 수 있을까? 모든 직장인은 회사를 떠난다, 그들 하나하나가 교환 가능하지 않으며 개별성을 존중했을 때 그 한시적 기한에 최대한의 역량을 발휘한다. 인간은 먹고사니즘도 있지만, 자신과 또 무엇을 위해서 뛴다는 인간에 대한 믿음으로써 시작해야 한다. 자신의 최선을 다할 수 있도록 과연 회사는 배려해 왔는가? 경영지원이라는 지원과 행정의 역할로써 관리만 하지 않았었나?

직무와 기술에서도 '평등'을 동반해야 한다. 한때 반도체 산업이 설계와 공정 위주일 때가 있었다. 말하자면, 연구개발의 마진Margin여유이 있을 때이다. 이제는 실리콘 원자 한두 개의 편차로써 제품을 만들어야 한다. 이는 설계, 공정, 설비, 소재를 아우르는 모든 기술의 중요성을 포괄하고 있다. 개발도상국으로서 반도체 제품에 열중했던 국내 대기업이, 자국 내로 해외의 생산 체계를 국산화하면서 기술력을 내재화했던 방식이었지만, 반도체를 비롯한 첨단 기술 분야는 결국에 글로벌 협력을 할 수 밖에 없다. ASML, AMAT, LAM 등은 결코 삼성의 말에 고개를 숙이지 않는다. ASML과 협력관계를 유지했던 TSMC가 난이도 높은 노광공정의 연구개발과 수율 확보에 성공했던 것은 물론, 삼성은 간과했던 패키지 공정을 끝까지 존중하며 삼성과는 소송전이 오갔던 한미반도체 장비 덕에 하이닉스가 현재의 이익을 가능하게 된 것 아닌가?

2030년까지 무인화를 하겠다는 목표로 설계기술만 강조하다 위기를 자초했던 우울한 인텔의 길을 선택할 것인가? 삼성의 경영전략은 수정되어야 한다. 수만 개의 부품으로 만들어진 설비는 문제가 발생할 수밖에 없고, 수율과 품질의 최전선이다. 그럼에도 설비 엔지니어 출신의 임원이 2023년에 처음으로 나왔다는 것은 설계와 공정만 중요시했던 결과다. 기존에 빛나는 기술만 중요하다가 그간 중요시하지 않고, 외주주기 바빴던 설비 기술력이 수율과 품질에 결정적인 역할을 한다. 왜 90% 이상 같은 설비를 쓰는 회사들이 품질 차이가 나는가? 빛나는 기술, 연구개발만 되면 생산이 자연스레 따라오던 시기는 이미 지났다. 모든 기술이 다 중요해지는 지금을 깨닫지 못하는 인사 담당자뿐만 아니라, 기술 엔지니어들 사이에도 의식 전환이 필요하다. 사내 기술 분야에서의 평등과 사내외의 갑을이 없는 수평적 자세가 요구된다.

비명문대 출신들의 임원 비율이 가장 높았던 삼성이 학벌을 보기 시작했다. 반도체 현장을 끈덕지게 만드는 이들은 숙련된 엔지니어, 제조직 그리고 노동자들이다. 반도체의 품질은 작은 나사 하나 그리고 아주 작은 물질, 정전기에 결정된다. 권오현의 시대, 그렇게 잘나갔던 삼성이 갑자기 왜 이러한 우울한 상황에 직면했는가? 진정한 실력자들이 이곳저곳 숨겨져 있거나 숨으려 한다. 새로 들어온 이들이 "거대한 난파선에 들어온 것이 아니냐?" 체념하듯 묻는다.

그 성공의 시대는 지금 과장 이상의 사람들의 피땀 눈물이 아니었던가? 왜 장기고용과 조금 높은 급여가 퇴직의 대상이 되어야 하는가? 리더가 되지 않은 이들을 '뒷방늙은이' 취급하면서 그들의 사려

깊은 노하우는 왜 흡수하지 않으려 하는가? 반도체 산업 내 임금체계부터 조정해서 대기업만 나가면 월급이 줄고, 일자리를 찾지 못해 외국으로 나가 기술 유출의 혐의자가 돼버리는 안타까운 일을 없애야 한다. 그러려면 아직 가능한 회사와 생태계를 구축해야만 한다. 그들의 오랜 기술 노하우를 국내에서 인정해야 한다. 이들의 이름을 잊어버리지 않는 것이 필요하다. 애도 가능성은 잊지 않는 데 있다.

기술의 모든 분야가 집약된 반도체 산업은, 갈수록 기술의 위계보다 수평이 더욱 중요해진다.

기술을 모르는 콘트롤 타워

삼성이 30년 전 일본 반도체 기업들을 누르고 메모리 반도체를 석권할 수 있었던 이유는 무엇일까? PC 시장이라는 새로운 전자산업의 패러다임을 알아차리고 메모리 기능을 가성비 있게 바꿨던 전략의 성공 때문이었다. 그러나 그때의 삼성이 도래한 AI 시대에는 보이지 않는다. AI용 메모리 용량이 거대하게 늘어났고 주문형 반도체 물량이 엄청나게 증가했다. 삼성은 이러한 시장의 변화에 제대로 대응하고 있는가?

HBM 개발하던 조직을 없애고 GDDRGraphic Double Data Rate 그래픽 처리용 DRAM의 단품 강화로 나섰던 오판의 주체는 누구인가? 단기적인 경영 실적만을 제시했던 그룹 컨트롤 타워의 책임은 피할 수 없을 것이다. 삼성을 비롯한 대기업의 수뇌부는 '권한만 있고 책임이 없는'

조직이다. 이 조직은 '인사권'으로 모든 권한을 독점한다. 이른바 구조조정본부-미래전략실-사업지원TF로 명칭은 바꼈지만, 단 한 번도 조직 내 위상이 변화한 적은 없었다.

임원 인사와 재무 그리고 경영전략을 담당하는 그룹 조직은 약 3년에서 5년 정도씩 계열사의 기획, 인사, 지원팀에서 인원을 파견받는다. 계열사 경영지원실 담당자들은 미전실 파견을 삼성 내에서 출세의 가장 중요한 단계라는 것을 알고 있다. 그들은 상위 인사 평가를 받으며 기술직보다 임원 될 확률이 높아진다.

나는 반도체 연구소의 연구원이었다가 인재 양성이 미래라는 생각에 인사팀으로 이동했다. 사실 인재 개발 및 교육 부서는 회사에서 힘이 없다. 임원 인사를 기안하고, 조직도를 그리는 인사관리 부서가 힘이 좋은데, 관리부서는 교육 부서를 6두품, 서자 취급했다. 그래서 나도 업무할 때 관리부서에 전화할 때마다 부담스러웠고 그들의 뻣뻣함이 우스꽝스러웠다. 경영 지원하는 부서들이 회사의 주인인 것처럼 구는 모습이 반도체 연구개발과 제조생산을 했던 연구원으로서 때론 화가 났다. 어느 날, 전화를 까다롭게 받던 담당자가 깍듯한 태도를 보이는 게 의아했는데, 나와 이름이 비슷한 이가 미전실 파견을 가 있었기 때문이었다.

이들은 뛰어난 능력이 있다기보다는 상명하복에 강하며, 늦은 시간까지 일하는 것을 중요시한다. 회사원의 꽃으로 불리는 임원 인사는 이들에 의해 결정되는데, 그 잣대를 명확히 알 수 없다. 이들은 현장의 여느 임원에게도 쉽게 연락할 수 있다. 이들이 생살여탈권을 쥐고 있다.

MBO는 Management By Objectives라는 경영의 방식이면서, 많은 회사들이 취하고 있는 평가 방식으로, 각 조직장으로서 임원이 갖춰야 할 목표를 세우고 이를 실행에 옮겨나가는 것이 중요한 지표이다. MBO에 따라서 부서의 핵심성과지표KPI: Key Performance Index가 생겨나고, 이것이 각 하부 조직의 핵심 성과이자, 개인의 업무 목표로 세분화 된다. 문제는 이것을 관리하는 부서가 기술을 알지 못하는 경영지원 담당자들이다. 물론 기술 조직의 임원들이 기안해 올리는 것을 기반으로 하고 있다. 해외에는 대부분 가지고 있는 360도 평가, 임원 선발을 위한 이해관계자 회의 등의 중지를 받아들이지 않는다. 단지 그룹조직에서 임원 승진 여부를 단독으로 결정한다. 권력은 절차가 불명확할수록 힘이 강하다는 음모론이 득세할 뿐이다.

여기에 재무 담당자들의 역할까지 더해진다. 지원팀이 각 기술팀의 연구개발 및 제조생산 과제에 대한 합의권이 있으나 액수가 클수록 더욱 견제가 심해진다. 여기 또한 기술을 모르는 이들이 일괄적으로 예산을 10%로 삭감한다든지, 주요한 기술 개발 과제에 필요한 계획에 합의하지 않는다든지, 까다로운 기술적 내용을 이해하지 못해서 각주를 달라고 종용한다. 미전실의 요구사항은 모든 임원이 실시간으로 대응하게 된다. 나도 미전실에서 궁금하다는 메일이 왔을 때 30분 만에 이메일이 8개 정도 왔다 간 경험을 했다. 촌각을 다투는 일이 아니라 어떤 면에서 관심을 표현했을 때, 확실히 눈에 들어와야 해서 과

잉 충성 경쟁을 할 수 밖에 없다. 그것이 그룹 총수라는 인물의 궁금함인지, 아닌지는 물어볼 수 없다.

　세계 최고의 제품과 서비스로 인류 사회에 공헌한다는 삼성그룹의 경영이념은 그 자체로써 중요한 가치를 지닌다. 그렇다면 모든 조직이 제품과 서비스의 최고 지향을 위해 달려야 한다. 기술을 모르는 이들에게 의사결정 권한을 부여하고, 그들의 눈에 나기 위해서 허황된 목표를 제시하고 과업을 달성한 듯 허위 보고를 하는 부서장이 등장했을 때, 제품과 서비스의 격이 아닌 매끈하고 문제없는 것 같은 보고서만 늘어나게 된다. 이미 글로벌 기업들은 인사와 재무 조직을 외부에 맡기거나, 현업 프로젝트 운영에 있어서 지원을 해주는 조직으로 간소화되어 있다. 그들에게는 연구개발과 제조를 할 수 있는 권한이 없다. 그리고 그들이 일이 안 됐다고 책임을 질 수도 없다. 궁극적으로 그들에게 승인을 맡겨서는 안 된다.

한 줄 핵심 요약

글로벌 기술 경쟁에 있어서 의사결정은 기술 전문
가에게 맡기고, 스태프 부서는 지원조직으로 권한
을 축소해야 한다.

시대에 안 맞는 리더십

24년 6월, 삼성은 HBM High Bandwidth Memory AI용 고대역폭 메모리 추격을 위해서 예전처럼 고삐를 다잡고 임직원을 관리하려는 고전적 전략을 취했다. 임원에게 주 6일 근무 권고를 내렸다. 눈 가리고 아웅으로, 절대로 아래 사람들이 나오게는 안 하겠다고 했다. 또한 반도체특별법에서는 노동시간 52시간 제한을 예외로 해달라고 노동자와 아무런 논의없이 정치권에 요구했다. 최근에는 대만의 TSMC 사례를 말하면서 근면 성실한 노동요건을 강조하고 나섰다. 하지만 TSMC는 수 차례 노동법 위반으로 처벌을 받았으며, 휴가와 휴식 보장의 문화로의 변화와 글로벌 수준에 맞는 임금의 급격한 증대로 근무 요건이 상당히 개선된 팩트는 말하지 않고 있다.

이러한 15년여 전으로의 퇴행이 실효성이 있을까? 삼성 직원들에게 가장 강렬하게 남아있는 기억은 Work Smart 경험과 2018년 초 Work Smart 모토의 주인공 권오현 대표이사의 '용퇴'였다. 권오현 대표가 전문경영인으로 있던 2017년, 처음으로 인텔을 누르고 반도체 업계 1등에 올랐다. 메모리의 경우 다른 회사보다 1년 이상 앞선 기술력을, 시스템 반도체의 경우 애플 아이폰을 위탁 생산해서 TSMC에 어느 정도 접근한 경험 등을 가지게 됐고, 설계와 생산을 분리해서 파운드리 사업의 기반을 마련했다. 'Work hard'이지만 Vision이 강했던 황창규 사장과 현장 중심 경영을 했던 이윤우 부회장 이후에, 2011년부터 취임한 권오현 대표가 제시한 Work Smart 기조와 CHOChief Health Officer 임직원 건강 책임자가 되겠다는 일성은 나에게도 매우 충격이었다. 임원들의 퇴근 시간을 6시로 못 박았고, 회의 횟수와 시간도 제한했다. 대표이사 보고시에는 A4용지 1페이지 이하, 보고 시간 10분 제한은 업무 효율화의 징표이었다. 임직원들은 이렇게 Smart하게 일하면서 건강을 챙기는 Work Life Balance를 경험했다. 2018년까지니까, 지금의 대리급, 선임연구원까지는 그 기억이 있다. 아쉽게도 그 행복한 기억은 오래가지 않았다.

권오현 대표 이후 새로운 리더가 왔다. 3년 전에 퇴사한 입사 동기는 그가 온 뒤에 부활한 '주보 쓰기'와 '3제품 동시 병행개발' 그리고 모욕에 가까운 회의 시간을 곱씹으며 누구도 책임지지 않는 조직문화를 '자동문'에 비교했다. 그간 어떤 형태로든 책임을 졌던 임원들이 과제의 실행과 책임을 모두 담당자에게 미루는 상황을 '자동문'에 빗대어 표현했다.

대표이사가 목요일에 주보를 보고받는다는 것은, 담당자 레벨에서는 늦어도 화요일 오전에 주보가 필수적으로 완성돼야 함을 의미한다. 실 업무 기간은 월요일 하루일 것이다. 나머지는 예정 사항이다. 이미 수요일 아침이면, 팀 단위의 주보는 완성이 되어있어야 하고 픽업할 것들을 수요일 오전까지 옥신각신할 것이다. 그렇게 일주일의 후반부가 된다.

3제품 동시 병행개발은 삼성이 추격자일 때나 가능했던 아득한 일로써, 80년대~90년대 초반 역사서에나 찾을 수 있다. 이제 삼성은 답이 없는 길을 가야 하는 선도자다. 1명에게 3배의 과제를 부여한다는 것은 아무것도 안 한다는 것과 유사하다. 이때쯤 반도체 제품 기술의 한계가 나타났는데, 그것이 기술 한계인지 아니면 리더십의 문제인지 정확히 규명되지 못했다. 삼성 사람들은 이때부터 책임지기 싫어서 움직이지 않았다. 더 이상 도전적 과제에 나서지 않았던 것이다. 얼마 전에 만났던 퇴임 임원은 나에게 "보통 2년이면 어떤 문제이든지 해결했고, 그것에 책임을 지려는 임원이 있었는데, 이제 더 이상 그런 사람도, 그런 도전도 일어나지 않는다"라고 한탄했다.

이후에 등장한 새로운 대표이사는 임직원들이 인정하는 것처럼 소통을 중시하는 리더이다. 그렇지만, 한 번의 큰 실패 경험을 한 조직적 분위기 그리고 책임지지 않는 리더들이 즐비한 상황에서, 신뢰 기반의 리더십은 그 바탕을 거의 잃어버린 상태에 가깝다. 게다가 전문 기술자 CEO는 현재 조직 구조상 권한이 많지 않다. 그가 직원들에게 약속한 '업계 최고 대우'를 지키지도 못했으며, 그가 하는 약속들은 어딘가에서 거절을 당하고 유야무야되었다. 2024년 초, SK하이닉스는 적어도 위로금이라도 지급했는데, OPI~Overall Performance Incentive 초과이익성과급~ 0%의 사태가 터지며 실망감으로 바뀌었고, 실재적 소득 저하를 경험했다. OPI 보너스 제도가 IMF이후 생긴 뒤로, 2%는 있었지만 0%는 없었다. 이런 현황에서 신뢰를 갈구하는 리더는 그 동력을 잃게 된다. OPI 0%는 상징성이자 도화선에 가깝다. 그가 매월 임직원과 실시간 소통 시간을 가졌는데, 그는 갑작스럽게 24년 5월 경질되었다. HBM 개발이 늦어진다는 것의 책임이었지만, 임직원의 말을 들어주던 리더십을 좋게 보지 않았던 그룹 조직의 영향이 컸다는 말이 무성하다.

삼성 내에서 소방수 역할을 하는 올드 맨 전영현 부회장이 삼성SDI의 배터리 문제를 해결하고, 삼성그룹 조직에 있다가 반도체로 돌아왔다. 그는 몇 개월 진단을 통해서 아마도 그룹 조직의 반대에도 불구하고, '사과문'을 발표했다. 근원적인 경쟁력이 뒤져있다며, 최고의 제품과 품질 역량을 확보하겠다고 선언했다. 새로운 시발점이 될수 있고, 그간 잘못된 리더들에 의해 상처받았던 사람들, 방향도 없이 흘러가던 난파선을 구출할 문제 인식이 됐다. 그렇지만 여전히 그 해결책으로 Work Smart의 기억을 가지고 있는 이들에게 52시간 노동 시간 예외를 임직원과 협의도 없이 국회 입법을 통해 관철하려고 한다. 리더십의 가장 중요한 현실 인식과 방향 설정은 유효하나, 그 해결 방식이 그 이름 그대로 너무 올드하다.

산업과 회사의 규모, 수준은 이미 글로벌 수준으로 올라왔다. 그러면 기술과 제품만 글로벌이 돼야 하는 것이 아니라, 리더십 또한 글로벌 수준으로 올라와야 한다. 여전히 노동을 바라보는 관점이 노동의 질을 중심으로 하는 근무 성과가 아니라 노동의 양을 중심으로 하는 근무 태도에 있다는 점이 상당히 아쉽다. 반도체 산업이 기술과 경영 리더십과 의사결정의 실패에서 기인했음에도 다시금 그 책임을 노동자에게 떠넘기는 책임 회피 방식을 반복한다면, 능력 있는 사람들은 다른 곳으로 떠날 것이고, 일부 과로에 번아웃과 신체적 손상에 이를 것이며, 태업이 반복될 수 있다.

장시간 노동을 강제하는 리더십으로는 글로벌 경
쟁에서 살아남을 수 없다.

회사에 대한 헌신은 당연하지 않다

그룹 경영은 당연한가?

한국 반도체가 눈부시게 발전할 때는 2010년대였다. 하지만 독특하게도 이 시기는 경영자 공백의 시기였다. 그럼에도 삼성은 2010년 2월 태양전지, 자동차용 배터리, 발광다이오드LED, 바이오제약, 의료기기를 2020년까지 23조 원 투자하겠다고 발표했다. 자동차용 전지, 바이오제약은 어느 정도 이익을 거둘 수 있었으나, 나머지는 사업 규모가 미비하거나, 철수할 수밖에 없었다. 특히 이건희 회장의 와병과 경영 일선에서 갑작스러운 이재용 부회장의 등장, 이에 따른 상속 문제를 해결하기 위한 국정농단과 사법 리스크의 발생은 최고 경영자의 공백을 가져오게 됐다.

총수의 전략적 의사결정과 과감한 투자, 그룹 조직의 시너지 그리

고 계열사의 실행력이라는 삼성의 3각 편대는 항상 유효한가? 전문
경영인이든 오너이든 일만 잘하면 된다는 이건희 회장의 말은 유명무
실해졌다. 반도체 산업을 선정하고 추진했던 이건희 회장 결정은 한
국 산업의 대표적인 성공 경험이었지만, 이후에 신수종 산업에 대한
특별한 성취도 가져올 수 없었다. 기존 사업의 개선에 그룹 조직의 역
할은 없다. 상법상 기업의 지배 구조상 어떠한 권한과 책임이 없는 그
룹 조직은 책임은 없이 권한만 있다.

　그룹 조직은 지시만 내리고, 최종 의사결정권자는 계열사를 평가
할 뿐 책임이 없다. 그룹 조직이 의사결정에는 강력하게 참여하면
서, 결과는 계열사가 책임지는 독특한 구조이다. 삼성만큼은 아니지
만, SK 또한 그룹 경영을 한다. 물론 그 강도는 차이에 있다. 통상 그
룹 조직의 힘이 삼성이 막강하고, SK는 자율 경영을 존중한다고도 한
다. M&A의 오랜 역사를 가진 SK는 그룹경영조직인 SUPEX가 합병
하는 회사의 경영에 갑작스럽게 개입하지 않는다. 전략적 방기는 기
술 개발자들의 자율과 책임경영의 단초가 되었다. 현대 출신, LG 출
신, 삼성 출신의 구분 없이, 기술력과 상관없는 차별화가 없이, 실력을
중심으로 인력을 데리고 왔다. 로컬을 중심으로, 통신과 정유 등 장치
산업에 의지하던 SK그룹이 엄청난 투자와 연구개발이 계속되어야 하
는 글로벌 반도체 제조업 회사를 합병했다는 점에서 경영을 제대로
할 수 있는가, 라는 의구심을 샀다. 바깥의 우려와 달리, SK하이닉스
에 대한 그룹 경영은 여전한 공백의 상태였다. 그룹 경영의 역할이 부
재했다면, 무엇이 반도체 산업을 이끌었을까?

영웅 같은 경영자, 성공한 기술자와 CEO가 있었다는 것은 행운이다. 게다가 우리나라 산업발달과 후진국에서 선진국으로의 도약을 '한국인의 특별함'이라고 생각할 수 있지만, 동시에 지구상에 드물었던 사건이다. 모든 우연이 겹쳐서 산업 발전을 이루게 된, 그중에서 가장 거대한 성취를 이룬 이 뾰족한 성취는 봉우리가 아닌 산맥을, 그리고 부침은 있겠지만, 고원을 이루어야 한다. 너무나도 특별히 좁은 틈을 비집고 갔기에, 그 틈에서 피어난 성취는 금세 갇히고, 밟혀버릴 수 있다. 특히 영웅 같은 리더가 사라졌을 때, 영웅을 따르는 것만으로 조직문화를 구성했을 때, 그 성공 방식을 고수하려는 기업에는 치명적으로 다가온다.

생산은 당연한가?

한 경영자의 날카로운 말 하나는 연구개발이 아닌 이들에게 비수로 날아든다. '삼성은 제조회사가 아니라 연구개발 회사'라는 선언이었다. 그가 말했던 연구개발과 제조의 구분은 어디라고 할 수 있는가? 혹시 반도체 산업을 하나도 모르는 이들처럼 제조가 물샐틈없이 자동화가 가능하다고 생각했는가? 그것이 자동화를 통한 인건비 감축과 생산성 효율화이기도 했다. 삼성 내의 인사 담당자는 제조직을 '공장 사람들'이라면서 FAB의 주인공들을 무시하기 시작했다. 한 기술 엔지니어는 생산직 여사원을 "아니 엔지니어가 시키는 대로 해야지, 뭘 안다고 그래요?" 했다가, 직접 사과하는 사건도 발생했다. 이런 수직적 변동에서 제조직은 점점 자리에서 밀려나기 시작했다.

때맞춰 FAB의 양산을 맡는 제조센터는 제조기술센터로 이름이 변경되었다. 화룡점정 같은 CEO의 발언은 FAB 현장에서 고생하는 숙련자들의 마음에 상처를 냈고, 회사와 자신을 분리하지 않았던 이들을 분리하게 만드는 계기가 되었다. 반도체 생산 공간 FAB는 직조한 공간이다. 가로와 세로에 설비들이 즐비하다. 이제 오퍼레이터들이 사라진 공간에는 자동화 설비 OHTOverhead Hoist Transport 웨이퍼자동이송장치가 들어서 있다. 피땀 흘려 엄청난 생산성을 확보할 수 있었던 교대 근무조들은 이제 라인에서 사라졌다. 생산성을 높이기 위한 제안 활동들이 가득 들어차 있는 공간, 교대 근무를 하더라도 매일 할당된 제안을 쓰려고 쥐어짜 냈던 볼펜의 자국, 방진복에 온몸을 가리느라, 눈빛과 걸음걸이만 봐도 무슨 일이 있는지 알아챌 수 있었던 감각은 이제 흔적도 없다. 제조의 생산성 달성은 당연한 일이 되고, 부가가치가 있는 업무가 아닌 것처럼 바뀌었다.

특히 삼성에서는 매트릭스 조직이라는 새로운 개념을 도입하기 시작했다. FAB 현장이 강력히 직조가 되어있는 것처럼, 각 생산 현장은 장소로써 제조팀과 기술팀이 있었다. 제조는 생산성, 기술은 품질이 최종 목표였기 때문에, 양과 질의 역설적인 목표를 함께 달성해야 했다. 그렇지만 이제 생산성은 OHT와 IT 시스템 기반으로 자동화를 이루었다는 확신 아래, 제조의 역할을 좀 더 줄이려는 기반에서 시작했다. 그래서 생산성보다 기술력을 강조했다. 매트릭스 조직과 함께 24시간 멈추지 않는 생산 환경에서 제조 담당자는 자동화로써 대부분 사람을 빼고, 기술 담당자는 외주화를 통해 교대 근무를 비약적으로 줄이려고 했다. 교대 근무를 원하는 사람들은 많지 않았으며, 이것이 노동 조건의 향상이라고도 볼 수 있으나, 기술력의 기반인 설비 유지보수, 사고 대처 능력을 삭제하는 역할을 하게 되었다.

흔들리지 않을 것 같았던 생산의 기반은 조금씩 균열이 일어나기 시작했다. 생산성의 삼성이, 수율의 삼성이 흔들리고 있다. 삼성이 더욱 도약하여서 메모리 반도체뿐만 아니라, 시스템 반도체까지 석권하겠다는 선언이 터져 나온 시기에 임직원 대부분 세계 최고의 반도체 회사를 만들겠다는 목표에 대한 의지는 연구개발 일부 인력들을 주인공으로, 나머지는 스포트라이트를 없애는 이들로 분화되면서 약화되기 시작했다. 누구보다도 빠른 시간에 남다른 성취를 거둘 수 있었던 것은 회사와 나를 분리하지 않았던 이들의 노력이었고, 한국 사회의 압축적 성장을 이룰 수 있었던 일체감이었다. 소위 로열티에 따른 자발적이거나 남들만큼 하는 노동시간을 군말 없이 받아들였던 사람들의 힘이었다. 이러한 구심력이 원심력으로 바뀌는 것은 압축적 성장의 과실뿐만 아니라 성장의 과정에서 연구개발과 같은 특정 직무자에게 지정된다는 감정을 느꼈을 때, 상실감은 터져 나온다. 아교처럼 끈끈하게 만들었던 문화는 이제 막다른 길을 맞이하기 시작했다.

헌신은 당연한가?

MZ세대라고 불리며 구심력보다 원심력으로, 자신의 커리어를 중심으로 회사와 나를 분리할 수 있는 이들의 등장은 조직 내에서 경험해보지 못했던 상황이다. 여전히 세대론으로 그들을 납작하게 바라보면서 단순화하려는 것에서, 균열은 가속화된다. 급하게 성장했던 특별한 한국의 상황은 내재적인 접근으로써 자신들만의 조직문화를 구축해야 하지만, 현장의 목소리를 무시하거나, 노동조합을 격렬히 반대했던 이들은 해외에서 도입되는 다양한 방법론들을 도입하기 시작했다.

해외에서 강조하는 수평적인 조직문화는 언제나 유용한가? 한국이라는 독특한 성장경로와 격정적 사건들을 경험했을 때, 그 경로를 관통하는 방식을 발굴해 내야 함에도, 연구개발 중시와 일부의 목소리만 반영한 수평적으로 일하는 방식은 묵묵히 숙련을 쌓으며 현장을 지켜온 시니어들의 가치를 무시하는 결과를 맞이했다.

흡사 지층이 단층이 되는 것과 같은 상황이다. 저마다의 두려움과 불안을 가지고 있다. 선배 세대는 언제 회사에서 나갈지 모른다는 걱정과 IMF 때에 회사 사람들이 회사와 산업을 떠나게 되었던 기억이 있다. 한국 사회의 불평등이 가속화되면서 대기업 취업에 목을 매달았고 단군 이래 최고의 스펙이지만 정규직 일자리 구하기 어려운 주니어들은 오랜 시간 조직에서 충성도를 가질 수도 없으며, 사람들을 두루 살필 수 있거나 배려할 여유가 없다.

급격한 발전 이후 예전의 방식을 존중받지 못하는 이들이 숨죽이고 있고, 새로운 방식으로 일을 하라고 하지만, 하루아침에 일하는 방식은 달라지지 않아서 이상과 현실이 다른 현장을 마주하고 있는 사람들이 있다. 가장 크게는 그러한 이야기를 깊이 들어본 적이 있는가, 그런 이야기를 할 수 있는가, 라는 조직문화의 수직과 수평이 아니라, 신뢰감이 있느냐의 문제이다. 위기는 한꺼번에 찾아온다.

경영, 기술, 조직문화의 측면에서 회사와 나를 동
일시하는 시대는 지나갔다.

수율과 생산을 중요시해야 한다

경영학적 관점에서 반도체 산업을 설계와 생산, 곧 Fabless와 Foundry와 같은 반도체 설계회사와 생산회사를 전방산업이라하고, 소재와 부품, 장비사를 후방산업이라고도 부른다. 이는 상당히 반도체 제품사 중심의 이야기인데, 삼성도 돈을 잘 버는 삼성전자와 다른 계열사를 후방이라고 하는 농담이 있듯이, 반도체 산업에 전방과 후방이 있다면 듣는 후방이 기분이 나쁠 수밖에 없다. 반도체 후발주자로서 급히 생산에만 집중해 온 한국 사회 같은 경우에는 반도체 제품의 발달에 따라서 급격한 소재, 부품, 장비의 급부상이 일어났다. 이는 삼성과 SK하이닉스만 키운다고 반도체 산업이 자라지 않다는 것을 의미한다. 우수한 인력을 진공청소기처럼 대기업들이 빨아들이는 현상에서 생태계는 탄탄한 몸은 없고 말 많은 머리들만 가득하다.

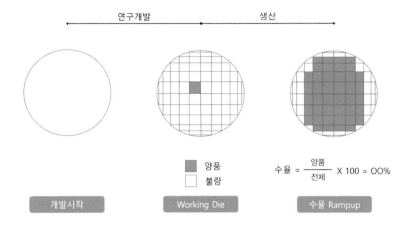

그림 1.1 반도체 제품 개발 경로

특히 반도체 제품의 개발 경로를 보면 그 현상을 짐작해 볼 수 있다. 만약에 신제품 DRAM을 개발한다고 하자. 약 40번의 노광공정을 비롯해서, 900번 이상의 공정을 진행해야 한다. 그러면 DRAM 개발실에서 사이즈와 용량에 맞게 회로설계가 진행된다. 동시에 반도체 제품의 미세화를 위해서 반도체 연구소에서 공정설계 직무와 공정 기술 직무자들이 담당을 맡게 된다. 공정설계 직무자들은 각 층에 맞는 전자제품으로서 특성과 규격을 산정한다. 반도체 미세화의 가장 중요한 선폭을 선정하는데, 소자인 스위치 트랜지스터를 더 작게 만들기 위해서는 새로운 공정 조건이 요구된다.

기술 직무자들은 새로운 조건을 개발하기 위해 소재와 부품, 장비에 대한 고심에 들어간다. 결국 소재 개발과 장비 개발로 연결되며,

이는 공동개발과 공동 평가 $^{\bullet}$ 라는 형태로 협업한다. 반도체 연구소 공정개발실의 담당자들은 각 제품에 맞는 조건을 만들기 위해서 전 세대 제품에서 확정된 조건을 테스트 조건으로 변경하고, 새로운 세대의 제품에 맞는 공정 조건을 만들면, 공동개발과 공동 평가 과제를 마치게 된다. 900개 전후의 조건들이 모두 평가를 마치고 최초로 워킹 다이Working Die가 등장하게 되면, 한껏 환호성을 지르게 된다. 어떻게 해서든 동작하는 제품이 나왔기 때문이다. 몇 해에 걸쳐 워킹 다이가 나왔다는 소식이 들릴 때마다 특별히 내가 한 일은 없더라도 사람들은 한시름 놓는다. 작게 만들수록 생산성과 성능이 좋아지기 때문에, 제품회사마다 미세한 선단 공정에 대한 욕구는 강하다.

특히 제품의 특성이 한정적이고 규격화된 메모리 반도체의 경우, 미세화 자체가 제품 개발의 핵심적인 위치를 차지한다. 그래서 선단 공정의 워킹 다이 개발 여부가 주목되는 대상이다. 이것을 개발 완료라고 부르거나 개발 Qualification이라고 한다. 그렇지만 여기서부터 다시금 일은 시작된다. 아무리 워킹 다이가 나왔기로 서니, 비즈니스로써 수익률을 얻으려면 수율을 확보해야 하기 때문이다.

반도체는 설계도에 맞게 수많은 물질을 가공하는 복잡한 절차를 거친다. 수율의 큰 틀에서, 제품을 Working Die, 수율 상승Ramp up, 양산 안정화라는 단계로 진행되는데, 각 조직과 역할마다 하는 일이 구

$^{\bullet}$ 공동 평가 및 공동개발 과제(JEP)Joint Evaulation Project, (JDP)Joint Development Project

분되어 있다. 그래서 전자과 출신의 TD와 PA, YE●라는 명칭으로써 공정설계 직무자이자 통상 제품 엔지니어들은 자신이 개발한 제품을 가지고 양산의 수율 안정화까지 역할을 한다. TD는 Working Die가 나오게 되면, 수율을 높이기 위해 PA로 제품을 이관하면서 많은 인력이 파견의 형태로 이동한다. 제품마다 다르지만 수율 20% 수준에서 양산 완료라는 양산 Qualification이 끝나면, 양산 수율 안정화를 위해 YE로 제품을 이관하거나 파견근무를 한다. 이렇게 제품 개발과 양산의 단계를 공정설계 직무자들은 진행한다.

동시에 화공과 재료 전공의 공정 엔지니어와 및 기계과 및 이공계 전공의 설비 엔지니어들은 새롭게 개발된 공정 조건을 제조 기술센터인 양산에 이관하기 위해서 수율 향상과 함께 업무를 추진한다. 초미세 공정이라는 선폭 sub 50nm부터 연구소와 제조센터 간의 갈등이 더욱 증폭되었는데, 이는 미세화에 따라서 수율을 올리는 작업이 만만하지 않게 되었기 때문이다. 양산에서는 연구소에서 새롭게 개발한 조건을 받기도 꺼려졌으며, 기존에 설비 말고 새로운 조건의 설비가 늘어나면서, 기존 설비의 감가상각을 포함한 가동률에 민감하게 되었다. 연구소가 하나의 구상으로써 제품의 성공과 실패에 목을 매달고 있다면, 제조센터는 수율과 생산 단가에 목을 매달 수 밖에 없다. 막대한 설비 투자를 했다가 새로운 세대로 진입해서 구매했던 설비를

● TD: Technology Development, PA: Process Architecture, YE: Yield Enhancement의 구분으로써 각 제품개발과 양산의 단계마다 수율을 책임지는 부서 명칭을 일컫는다.

쓰지 못하게 만들고 새롭게 설비를 사기만 반복할 수도 없는 노릇이었다.

반도체 산업에서 미세화가 가지고 있는 연구개발과 양산의 틀이 연구소와 제조센터라는 구분이 아니라 설비 및 공정, 새로운 소재 자체가 다시금 생산의 복잡한 구조 속에 편입되게 된 이유이다. 이것의 엄청난 조합의 결과가 새로운 세대의 반도체 제품개발이다. 소재 또한 큰 변화를 겪게 된다. 특정한 소재의 경우에는 단가가 매우 높은데, 30nm 전후 제품개발이 진행되던 2010년부터 막대한 설비 투자와 개발 비용과 더불어서 소재 비용의 급격한 상승을 가져왔다. 소재 변화가 많았던 기술팀의 경우 설비비용과 소재 비용이 2010년 이전까지는 8:2였다가 2010년 이후에는 5:5까지 상승하는 등의 변화를 보였다. 그 어려움 속에서 신속한 새로운 장비 셋업과 수율 증진을 가져와야 한다.

양산의 공정과 설비 엔지니어들은 새롭게 도입되는 공정 조건을 만족하기 위해 각 라인의 설비 자산 현황을 확인하고, 동일한 설비 회사의 모델인 것과 다른 설비 회사이면서 동일 공정을 진행해야 하는 것들을 나열한다. 엑셀 파일에 설비 호기별로 세세하게 신규 설비 투자 여부, 기존 설비를 개조 개선하는 여부, 설비를 그대로 활용하는 여부, 설비를 이관하는 여부를 의사결정 하게 된다. 이는 웨이퍼 생산량 투입 여부를 기반으로 아주 복잡한 경우의 수를 따져가는 머리 아픈 과정을 겪는다. 이로써 한 설비에 수십억에서 수천억 원을 호가하는 설비 투자 규모를 확정하게 된다. 이 절차에서 설비 구매에 대한 사양 검토가 세세하게 들어가게 된다.

제품사의 엔지니어들과 구매 담당자는 기존 장비를 최대한 활용해서 효율적인 설비 투자를 하려 하고, 장비사 엔지니어와 영업 담당자들은 새로운 장비를 구매해서 최대한 금액이 큰 설비 투자를 이끌려고 한다. 여기에서 제품사가 실력이 있으면 투자 금액이 축소가 되고, 장비사가 실력이 있으면 투자 금액은 올라가게 된다.

라인 건설을 통한 대규모 설비 입고가 시작되게 되면 주식시장이 요동치기 시작한다. 반도체 제품 사이클이 그간 전자산업의 사이클에 따라서 호황과 불황을 반복해 왔다. 전자산업의 큰 변화에 따라 반도체 제품 경기가 흔들리고, 이에 따른 장비의 투자가 변화한다. 눈치 빠른 사람들은 구매 발주가 나와서 반도체 설비사에서 원자재 구매가 일어나거나 부품구매가 일어날 때를 보고 반도체 장비와 부품 주식을 사려고 한다. 약 6개월 전후의 타이밍이라고 볼 수 있다. 말하자면, 반도체 제품은 결국 소재와 설비, 곧 '물질'을 면밀히 살피지 않으면 미세화의 파고와 수율이라는 연구개발을 넘어선 사업의 측면을 고려할 수 없게 된다. 수율과 생산을 중요시하지 않으면 모래로 만드는 반도체는 모래에 쌓은 집이 되어버린다.

반도체는 몇몇 천재의 능력으로 생산될 수 없다.

자동화보다 더 중요한 것이 있다

바야흐로 AI로 인한 자동화가 인류의 삶뿐만 아니라 산업 전반에 불어닥치고 있다. 그럼에도 나는 반도체 생산의 자동화가 가장 더딜 것이라고 주장을 한다. 모든 산업계는 그동안 연구개발과 설계의 어려움을 말했지, 생산이 어렵다는 말은 하지 않았다. 자동화 모듈을 확장해서 국내에서 해외로 인건비 절감과 접근성을 위해 사업장을 이전한다. 생산은 언제나 가능해 보인다. 그렇지만 반도체 산업에서 그 논리는 무너진다.

24시간이 쉬지 않고 라인이 돌아간다. 900개 공정 중에서 한 번만 잘못돼도 모든 웨이퍼를 폐기 처분해야 한다. 공정 조건이 동일하게 나오더라도 설비가 제대로 움직이지 않으면 다시 웨이퍼를 버려야 한다. 화학물질이 제대로 공급되지 않으면, 혹은 화학물질의 순도가 높지 않다면, 또 웨이퍼를 버려야 한다. 정교한 공정을 진행해야 한다. 24시간 근무하던 사람들이 있다. 06~14시까지 Day 근무, 14시~22시까지 Swing 근무, 22시~06시까지 GY 근무Grave yard라고도 불리는 야간 근무가 있다. 화학 공정이기 때문에 중간에 물질을 멈출 수가 없다. 쉬는 일도 없이 돌아가는 이 공간, 작은 실수도 용납하지 않는 지독한 공간에서 사람들은 기술을 개발하고 수율을 올려서 생산성을 높인다. 수율Yield은 모든 것을 양보Yield해도 절대로 양보할 수 없는 사즉생의 단어이다.

반도체 수율은 소재, 바이오산업처럼 공정 조건을 바꾼다고 될 수 있는 문제가 아니다. 이미 연구개발이 된 조건을 제조센터에 이관해서 새롭게 구매한 소재와 장비, 기존에 있던 소재와 장비를 바꾸고 변경해서, 수율을 올려야 한다. 특히 90% 이상 동일한 생산용 소재, 부품, 장비를 활용하면서도 삼성, TSMC, 인텔, SK하이닉스 등 반도체

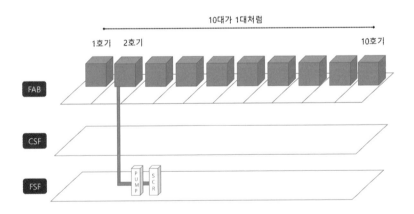

그림 1.2 반도체 현장의 구조와 흐름

제품회사마다 생산성, 곧 수율의 차이가 극명하다.

반도체 제조 라인은 복잡하고 정교한 구조로 이루어져 있다. 보통 하나의 라인은 900개의 공정으로 구성되며, 삼성 최신 반도체 라인에는 약 3000대의 장비가 있다고 가정해보자. 일반적으로 각장비는 3가지 공정을 처리할 수 있기 때문에 하나의 제품을 생산하는데에는 약300대의 장비가 필요하다. 따라서 3000대의 장비는 마치 300대처럼, 다시 말하면 10대가 1대처럼 움직여야만 전체 라인의 생산성과 수율을 유지할 수 있다. 하지만 이러한 장비들은 수만 개의 부품으로 이루어져 있기 때문에, 부품은 시간과 장소를 가리지 않고 고장이 발생할 수 있다. 이는 고도의 정밀성과 안정성을 요구하는 반도체 제조에서 끊임없이 관리해야 할 중요한 요소이다.

반도체 생산 건물은 웨이퍼와 값비싼 장비가 있는 FAB, 배관과 부대장비가 있는 CSF, 소재와 Infra 장비가 있는 FSF로 구성되어 있다. 보통 건물 층고의 1.5배로 높으며, 각 층마다 기능과 역할이 다르다. FAB – CSF – FSF 3층을 내달리던 설비 엔지니어들이 있다. 이들은 청청도가 5 class인 FAB에서는 우주복 같은 방진복과 장갑으로 몸을 감싸며 FAB 설비 유지보수에 몰입하다가, 다시금 점검할 곳이 바뀌면 CSF로 내려가야 한다. CSF는 1,000 class의 청정도이기 때문에 가운으로 된 방진복을 갈아야 입고서, 배관을 점검한다. 배관을 점검해도 이상이 없으면 FSF 층의 Pump(펌프, 공정 압력을 조절하는 장비)와 Scrubber(스크러버, 공정 후 잔여 물질을 제거하는 장비)를 점검해야 한다. 그러면 방진 의류를 벗고 안전모를 써야 한다. 맨 아래층에

Pump와 Scrubber 회사에서 들어와 설비를 들여다보고 있다. 이 복잡한 수직의 라인을 오르내리는 설비 엔지니어들에게 첨단 IT기술의 자동화 현장은 땀으로 온몸이 젖는 사우나로 바뀐다. 가장 원초적인 기억들이 이곳에 숨어있다. 기억과 처리를 위한 인간의 욕망이 반도체라는 제품으로 사람의 바깥에 있는 것과 상반된다. 땀이라는 인간의 물과 파티클을 경원시하는 반도체 현장의 역설처럼 말이다.

My Machine으로 각 설비에는 담당 기술팀과 담당 엔지니어의 이름표가 널찍하게 붙어있다. 설비의 유지보수나 고장 수리를 위한 일이 생기면 파란색 방진복을 입은●이들이 들어온다. 삼성 엔지니어들의 손에는 땀의 온기가 있는 공구가 아니라 여기저기 전화하다가 열기에 벅찬 스마트폰이 들려 있다. 사고 현장을 직접 해결하지 않고 해결할 사람을 부르는 콜맨이 돼버렸다.

그들은 설비 생산성을 최대로 높이기 위해 설비를 고치는 것이 아니라 고친 설비가 동작할 수 있도록 시스템에 입력하고, 협력업체의 경비를 처리해 주거나, 유지보수와 고장 수리용 부품을 반입구로 오게 처리한다. 그리고 설비가 새롭게 들어오거나, 개조 개선 되거나 이설될 때 환경안전 업무에 허덕이게 됐다. 가장 값비싼 반도체를 만들려면 또한 값비싸고 위험한 소재를 써야 한다. 몇 차례 사망 사고가

● 삼성 반도체 사업장에서는 삼성 임직원일 경우 흰색 방진복을 협력사 임직원의 경우 파란색 방진복을 입고 있다. SK하이닉스는 주황색 방진복을 입는다.

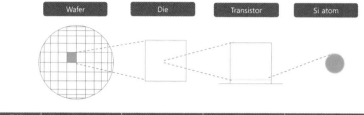

구분	Wafer	Die	Transistor	Si atom
직경	300mm	7mm (0.7cm)	12X10-6mm (12nm)	2.2X10-7m (2.2Å)
넓이	15cm X = 706.5cm2	706.5cm2/1,500=0.471	-	-
용량	3GBX1,500 = 4.5TB	3GB(3,000,000byte)	1Byte	-

그림 1.3 반도체 공정의 미세화 상대적 크기 비교

발생하면서 환경안전 절차가 까다로워졌다. 엔지니어가 뭔지도 모른
다고 해서 먼지니어라는 멸칭까지 생겼다.

　반도체 공정은 점점 더 미세화되고 있으며, 2025년 기준으로 약
10nm 초반의 기술이 상용화되었다. 예를 들어, 12nm 크기의 트랜지
스터를 제작하려면 약 900개의 개별공정이 모두 정확한 위치에 맞
춰 작동해야 한다. 이러한 공정에는 엄격한 규칙이 적용되는데, 일반
적으로 +-3%의 오차범위를 관리한다. 이를 숫자로 환산하면 12nm
의 +-3%는 최하11.64nm부터 최상 12.36nm 까지의 범위를 의미한
다. 이 범위를 넘어 0.72nm 이상 벗어나면 공정은 실패하게 되며, 대
부분의 경우 해당 반도체 웨이퍼는 폐기해야 한다. 참고로 0.72nm은
실리콘 원자 약 3개의 크기에 불과하다. 이처럼 반도체는 전자기기를
구성하는 핵심부품이지만, 이를 만드는 과정은 거대한 생산라인에서
수십억 개의 원자를 나노미터 단위로 정밀하게 제어하는 매우 복잡한

화학 공정으로 이루어져 있다.

자동화를 통해서 반도체 웨이퍼 운반의 물류 자동화는 이루었지만, 설비 엔지니어의 유지보수일을 결코 자동화할 수 없다. 요즈음 자동화되는 현장이 넘쳐나고 있다. 제조 자동화에 힘을 쏟고 있는 자동차 업계의 테슬라나 현대자동차 싱가포르 공장의 영상을 보면 성큼 인간의 노동을 사라지게 할 수 있다는 걱정이 밀려온다. 그렇지만 자동차 제품의 공정 스펙은 mm(10-3m) 수준이다.

테슬라 자동차의 공차는 mm이지만, 반도체 생산 장비마저 μm(10-6m)수준으로 관리되어야 한다. 그렇지만 반도체 공정 스펙은 mm의 백만분의 1인 nm(10-9m)보다 더 작아졌으며, 이 공정을 900번 가까이 반복해야 만들어진다. 자동화를 이룰 수는 있으나, 반도체 생산 장비 관리의 자동화가 된다면, 모든 산업이 자동화될 것이다. 그만큼 요원한 일이다. 자동화 로봇의 진동보다 더 세밀한 장비 유지보수를 로봇에게 시킬 필요가 있는가?

장비와 장비를 유지하려는 로봇이 같이 진동하고 있는데 과연 장비 유지보수를 자동화할 수 있을까? 피아노 조율 전문가의 손 떨림과 비교되지 않는 미세함이 공정 곳곳에 남아있다. 이뿐만 아니라 역시 눈에 들어오지 않는 FAB 환경 내의 습도가 조금만 달라져도, 웨이퍼에 습기가 생길 수 있고, 이는 공정 반응의 설비 위치별 습도 차에 의한 차이로도 연결된다. 어쩔 수 없는 이 미세함에 대한 도달은 10nm 제품이 될수록 더욱 중요해졌다. 제품 성능과 생산성 향상에 직결되는 제품 미세화는 흔들림 없는 제조 경쟁력에 있다. 이러한 장비 항상성 유지, 장비 유지보수가 없이 수율은 도달 불가능하다. 가장 중요한 일이 외주화되고, 자동화 위협을 받게된 장비 엔지니어들은 그 기술적 한계와 수율의 문제를 알았을지는 모르겠지만 적극적으로 나설 수 없었다.

밀림과 자연에서 사람에게 가장 두려운 것은 맹수가 아니라 모기와 같은 해충인 것처럼, 눈에 보이지도 않는 진동과 물질과 싸우는 그 어려움은 연구개발의 어려움과 막상막하이다. 장비의 핵심 반응이 일어나는 공정 챔버뿐만 아니라, 설비와 외부를 연결하는 부분 등, 기존에 중요도가 떨어진다고 생각했던 부분까지 기술적 접근이 없으면 연구개발을 하더라도 일정 수준의 품질을 확보할 수 없다. 결국 10대의 장비가 1대처럼 움직이는 것은 시스템상의 데이터로써 도달 가능하지 않다. 자동화도 장비 관리 기본 역량이 있어야만 가능하다.

최신 반도체는 전자과 전공의 하드웨어 설계자, 컴퓨터학과 전공의 소프트웨어 설계자만 일하는 것이 아니다. 그 아래 단에는 복잡한 배관이 있고, 무진동 건물이 만들어져야 한다. 반도체 생산에 연관된 근본적인 근대적 공학 기술에 대한 접근이 필요해졌음을 보여주고 있다. 반도체 산업은 유관한 산업군과 생산품을 모두 국산화할 필요는 없지만, 그 기술력과 사양 판단에 있어서는 실제 선진국 수준에 올라가야 할 시기가 됐다. 무턱대고 단가를 낮추기 위해 국산화를 하거나, 인건비를 낮추기 위해서 건물, 배관, 설비 유지보수 인력을 외주 관리했던 것에서 벗어날 때가 됐다. 이제는 그런 모든 기술을 동원해서 기초부터 튼튼한 건물을 짓기 시작해야 한다. 반도체 제품에 진동 제어를 위한 이종 산업 간 첨단 기술이 접목되어야 한다. 반도체 라인의 품질은 당연히 일정하리라고 가정했던 모든 것이 흔들리는 시기가 되어버린 것이다.

AI의 산업 자동화 열풍에도 반도체 제품은 자동화
를 이끌 기술을 만들지만, 반도체 생산은 가장 자
동화되지 않는 정밀 가공과 정밀 화학 기술이 요
구된다.

TSMC처럼 협력을 기반으로 한
분업화가 필요하다

수율과 제조 기술의 관점에서 소재와 설비의 물질적 기반뿐만 아니라, 설계와 생산의 분업화 관점에서 TSMC가 악전고투 속에서 차곡차곡 노하우를 닦아왔다는 점으로, 더 이상 반도체 산업의 어떤 부분도 간과해서는 안 됨을 충분히 인식해야 함을 강조한다. 2장에서 더욱 면밀히 다루겠으나, 핵심적인 프레임 전환을 제시한다.

모리츠 창이 미국 회사에서 1인자가 되지 못했던 슬픔에도 반도체 비즈니스를 날카롭고 깊게 바라보는 시선이 있었다. FAB 운영의 비용과 어려움을 전자과의 설계 엔지니어들이 감당하기는 힘들었기 때문에, 설계와 생산을 구분해서 신뢰 있게 운영하는 방식의 모델은 대만의 강소기업끼리 협력을 기반으로 했다는 것과 연계되기도 한다. 대만의 거대 설계회사 미디어텍은 설계 노하우를 바탕으로 전자제품회사의 설계를 대신하며, 미디어텍의 성공을 기반으로 대만에서 TSMC는 비즈니스를 확장했다. 특히 아이폰 수주 이전에 휘청거림이 있었고, 만만찮은 상대였던 삼성의 파운드리 업계로의 접근을 따돌리기는 어려웠지만 TSMC는 설계와 생산을 나누어서 했던 방식으로 신뢰감을 쌓을 수 있었다. 신뢰감은 비즈니스 감각뿐만 아니라, 제품 설계의 노하우 축적은 물론, 수율 난이도 측면의 어려움을 선제적으로 극복했었던 결과였다.

TSMC의 협력을 기반으로 한 분업화는 세계화를 필두로 문서화, 지식자산 축적의 난점을 해결하는 데 그치지 않았다. 메모리와 시스템 반도체 둘 중에 어떤 것이 수율 확보에 어렵냐면, 시스템 반도체라고 할 수 있다.

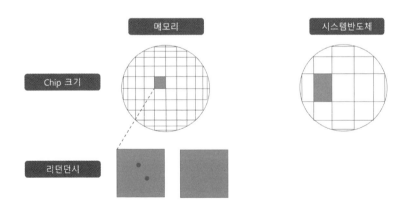

그림 1.4 메모리 반도체와 시스템 반도체 수율 차이

첫째, 칩의 크기가 시스템 반도체가 크기 때문에 수율 저하가 심하다. 메모리 반도체의 경우 규격화된 기능만 수행하고, 제품의 발달이 통상 '미세화'에 달려있기 때문에 설계는 미세화와 전자제품의 규격에 맞추어서 개선 작업만 진행하면 된다. 게다가 메모리 반도체는 기억 기능만 있기 때문에, 시스템 반도체보다 다이의 크기가 더 작다. 그래서 수율에 영향을 주는 파티클에 시스템 반도체가 더욱 취약하다. 통상 1,000여 개가 웨이퍼 장당 생산되는데, 파티클이 하나 있다면 0.1%의 수율 저하가 되지만, 300개에서 아주 커다랗게는 웨이퍼에 20개 정도만 만들 수 있는 시스템 반도체는 파티클 유무에 따라 0.3% 혹은 5%의 수율 저하를 일으키게 된다.

둘째, 생산의 문제를 설계가 풀 수 있다. 그 방식은 문서로 만들어지기보다는 문제해결의 노하우로 개인에게나 조직에게 축적되어 있다. 반도체 전 영역을 한 회사가 만드는 전략은 내부 자원과 의사소통 방식의 효과성을 높인다면 결코 비효율적인 방식이 아니다.

더 중요한 내용이 설계와 생산이 한 회사일 때는 생산의 파티클을 보완할 수 있는 설계상 마진을 두는 리던던시Redundancy가 가능해진다는 점이다. 만약, 3GB의 설계상 메모리반도체가 있을 때, 파티클을 감안해서 3.2GB 정도의 설계상 여유를 준다면, 불량품을 양품으로 전환할 수 있다. 반도체 다이를 확대해 보면 수많은 블록으로 이뤄져 있고 파티클이 떨어진 배선을 삭제하게 되는 조치를 취할 수 있다. 전공정과 후공정 사이에 양품 여부를 가리는 테스트 측정에서 이러한 작업을 리페어Repair 불량있는 부분을 삭제하고 양품으로 만드는 과정라고 한다.

반면에 설계와 생산이 분리된 Fabless와 Foundry에서, 아무리 협력하더라도 생산에서 파티클에 의한 수율 저하까지 설계에서 참작해 줄 필요는 없다. 특히 소자를 만드는 단계의 경우는 설계사에서 공정 스텝에서 발생하는 파티클을 5개 이하로 관리하는데, 메모리 반도체가 통상 공정 전후 파티클 증가를 30개로 관리하는 것과 비교해서 더 어려운 공정 조건을 가지고 있다.

TSMC는 파티클에 취약한 생산 방식을 근본적으로 해결할 방식을 찾았다. 그것은 바로 바닥과 근본부터 살피는 접근이었다. 게다가 규격화된 기능을 수행하는 메모리 반도체 대비, 설계상의 복잡함을 가진 시스템 반도체에서는 간과할 수 있는 기술이 없음을 의미하기도 한다. 물러설 곳이 없을 때 문제는 본질에 다다를 수 있다. 본질은 반도체 산업은 물질을 다루는 제조업이라는 점이다.

다이의 크기의 난점과 설계상 마진을 둘 수 없는 상황에서도 TSMC는 삼성보다 더 높은 수율을 보여주고 있다. 메모리와 시스템 반도체 사이의 비교 뿐만 아니다. 메모리 반도체 내에서도 삼성은 하이닉스, 마이크론보다 통상 개발에 6개월, 양산에 1년 이상 우위를 점하고 있었으나, 2018년 이후 10nm 대로 줄어든 반도체 제품개발에서 이제는 상대적 열위에 있거나 동등한 위치에 서 있다. 공정 미세화에 따른 무어의 법칙이나 황의 법칙 달성의 어려움은 모두가 직면한 상황이나, 삼성의 개발과 양산 차질은 그간 중요시했던 설계와 공정만으로 문제해결이 되지 않음을 시사한다.

불량품을 양품으로 바꿀 수 있는 설계상 이점 그리고 수율에 대한 우연한 확보는 근본적인 문제에 도달하지 못하게 되는 안이함이 작용하거나 혹은 중요하지 않게 여겼던 시선의 오류에 있다. 수율과 양산에 문제가 있으면 설비 엔지니어 경쟁력이 부족하다는 의견을 내면서 내부적으로 애쓰고 있는 숙련 엔지니어에 대한 존중은 간과해왔다. 설비 엔지니어가 숙련을 쌓으려는 유지보수 업무를 외주화하는 방식으로 활용하거나 2030년 설비 무인화를 촉진하겠다는 자동화 측면은 반도체 산업의 본질에 접근하지 못하는 방식이다.

반도체 산업의 연구개발과 제조생산 그리고 글로벌 협력의 체계에서 단 한 명의 영웅이나 한 회사의 산업 전 분야에 걸친 독점적 지위는 유효하지 않게 되었다. 종합반도체회사의 몰락과 경쟁적 협력체계를 통한 산업 생태계의 성공은 기존의 경영방식에 대한 의문을 갖게 한다. 그룹 경영의 공백 시기 한국 반도체 산업은 세계적인 수준에 오를 수 있었지만, 압축적 성장 이면에 드러난 균열과 불평등이 개선되지 않으면서 조금씩 불안이 드러나고 있다.

TSMC, 삼성, 인텔은 각자의 반도체 개발하는 방식에서 설비기술력에 대한 전략을 다르게 운영했다. 물론 인텔이 PC 시장에서 모바일 시장으로 변화를 인식하지 못했던 설계와 제품의 이슈는 있지만 그것보다는 선단 공정에서 인텔은 미세 공정으로 접근하지 못했다. 공정과 설비를 글로벌 분업화하거나, 외주화로 돌렸던 결과였다. TSMC는 직접 소재, 부품, 장비를 자국 내에서 생산하지 않더라도 그것을 제품 수율과 선단 공정 발달과 연관하면서, 제품, 공정, 설비 엔지니어의 역할을 존중하고 제조업의 설비 유지보수부터 단단히 발전시켜 왔다. 지진과 열대기후로써 상대적 FAB 운영의 어려움을 기술력으로 해결했으며, 시스템 반도체 위탁생산이라는 어려운 과제 또한 차근차근 풀어나가면서 축적된 기술력이 업계에서 신뢰를 쌓아왔다.

삼성은 외주화와 기술력 내재화 그리고 설비 국산화 등의 과제를 추진하면서 설비 기술력을 쌓아오기보다는 그것을 자동화 시스템화를 유도하거나 외주화하는 방향으로 진행하면서도 핵심 기술력과 측정 가능한 지표로 변경하지 않는 상황에서 사상누각처럼 운영하며 문제해결보다는 문제가 어쩌다 보면 해소되는 일을 반복해 왔다. 더 이상 그 시기는 돌아오지 않는다.

시스템 반도체 생산에 절대 강자가 된 TSMC는 근본적인 생산 기술력을 확보했고 협력회사들과 분업체계를 구축했다.

일본의 반도체 산업 몰락은 왜?

2차 대전을 일으킨 것은 일본이었지만, 국가가 두 동강이 난 것은 우리나라였다. 우리나라 2차대전 이후 세계대전과 다르지 않았던 사상자를 내며 폐허가 돼버렸지만, 전범국 일본은 전쟁 특수를 누리며 그들의 폐허를 복구하고, 눈부신 경제성장을 이룩하게 된다. 어느새 적국이었다가 강력한 우방이 되어버린 미국과 일본은 냉전 시대를 관통하며, 전쟁 특수뿐만 아니라, 전자산업의 기술마저 전수받을 수 있게 됐다. 무엇인가 꺼림직했을 법한 미국은 일본의 발전이 공산화를 막을 수 있는 유일한 방식이라는 제국주의적인 시각을 견지했다.

그 틈에, 일본은 '더 이상 고개를 숙이지 않겠다'며, 세계 Top1의 경제 대국이 되는 것이 머지않았다고 했다. DRAM으로 처음에 돈을 벌었던 인텔은 10년 만인 1970년대 후반 일본 회사에 그 선두를 빼앗기게 된다. 오일쇼크에 따른 경기 하락도 주요 역할을 했지만, 수요처 변화를 명확하게 알지 못했다는 점이다. 전략적 부재로써, 반도체 제품의 수요가 주로 군사 분야에 가까웠다. 일본은 소비자 쪽으로 눈을 돌리려 했다. 물론 해당 수요처가 고성능의 반도체를 필요로 하는 슈퍼컴퓨터용 반도체에 가까웠지만, 정부에서 민간으로 수요가 이동하는 시기를 명확히 잡을 수 있었다. 1980년에서 90년 초까지 반도체 10대 기업에 일본이 6개나 등극할 수 있을 정도로 일본의 파워는 대단했다.

폐허 속에서 우리나라는 일본보다 통상 20년 정도 뒤에 산업 발전을 쫓아가려 했다. 삼성이 처음 기흥에 반도체 FAB을 건설할 때 통상 1년 6개월이 걸리는 공사를 6개월 만에 끝내게 되는데, 여기에는 그토록 몸을 바쳤던 삼성의 경영자, 노동자들의 피땀이 있지만, 정부의 적극적인 지원도 주요한 역할을 했다. 1983년 4월 삼성반도체통신은 상공부에 반도체 산업 계획서를 제출했고, 9월에 기공식을 열 수 있었다. 이는 기흥 공장 부지가 원래 농경지였기 때문에 용도 변경이 필요했고, 상공부, 건설부, 농수산부는 '기술 발전'과 '쌀 생산 부족'으로 갈등을 빚었으나, 정부에서는 기술 발전에 손을 들어주었다. 6월에 의사결정이 되고, 7월에 용도 변경 공시가 났고, 8월 12일에 공장설립 신고서를 제출했다. 달마다 의사결정이 된 반도체 산업에 대한 정부의 지원은 상당히 컸다.

또한 경영층에서도 반도체 산업이라는 무리한 도전의 영역이다 보니, 다시금 냉전과 동맹에 기댈 수밖에 없었다. 미국 마이크론과 일본 샤프를 중심으로 기술을 도입했는데, 마이크론에서 64K DRAM 기술과 샤프에서는 CMOS 기술과 16K SRAM 기술을 들여올 수 있었다. 물론 직접 마이크론과 샤프에 기술 전수를 위해 갔던 엔지니어들은 삼엄한 보안 관리를 통해야 했고, 실제 학교에서 배운 것에서는 알 수 없던 산업 현장의 노하우된 기술을 몸으로 익혔다. 발자국 사이즈로 제조 현장 크기를 측정하고, 필기가 불가능해, 보자마자 내용을 외워버렸다. 속옷까지 검사하면서 기술문서 유출을 막으려 했었지만,

몸이 가늠좌가 되어서 FAB의 크기를 재고, 보여주는 숫자를 나누어서 모두 기억하려고 했다. 각국 정부에서는 정치적 목적으로써 기술 제공이 가능했지만, 개별 기업의 담당자들이 그것을 전향적으로 받아들이는 것은 어려운 일이었다. 어떤 면에서 굴욕은 추격자로서 당연한 일이었다.

그렇지만 그 좁은 틈바구니에서 글로벌 생태계의 균열도 함께 나타났다. 일본은 미국의 반도체 산업과 유사하게 종합반도체회사가 되기 위해, 반도체 설계와 생산에서 메모리 반도체뿐만 아니라, 소재, 부품, 장비까지 산업을 확장하기 시작했다. 일본의 거듭된 성장에 의해서 NEC와 히타치 등을 비롯한 반도체 회사들이 미국보다 싼 가격은 물론 양질의 품질까지 덧붙인 가격 공세를 하다 보니, 1980년 중반에는 점유율이 80:20까지 벌어지면서 미국 회사들은 엄청난 위기에 봉착했다. 냉전이라는 정치적 상황에 개별 기업들은 기술을 가져다주었지만, 경제적 피해는 거대했고 미국 반도체는 고사 직전까지 갔다. 특히 1985년 인텔은 메모리 사업을 포기하기에 이른다. 이때 등장한 것이 뉴욕 맨하튼에서 벌어진 1985년 플라자 회담이었다. 소위 주요 선진국 G5는 특히 제조업 성장세가 엄청났던 독일의 마르크화와 일본의 엔화에 대한 가치를 절상한다는 합의를 진행했다. 미국의 자국 보호주의 무역 방식을 그대로 드러내고 있다. 이에 의해서 일본 제품에 대한 가격이 올라갔고, 관세 폭탄도 떨어지게 됐다. 일본은 갑작스런 반도체 경기 몰락을 보면서 대폭 미국과의 관계 개선에 나선 미일 반도체 협정을 1986년에 맺게 된다. 이 틈을 공략할 수 있게된 우리나라는 기술격차를 크게 좁히기 시작했고 미국이 했던 실수를 활용한 일본의 경우와 마찬가지로, 일본은 PC시장 맞춤형 전략에 대응하지 못하게 된다.

게다가 삼성을 비롯한 국내 반도체 회사에서 추진한 병행개발과 선행 개발은 단기간에 세계적인 반도체 기업으로 성장해 가는데 발판이 되었다. 특히 16MB DRAM 개발에서부터 삼성은 두각을 나타내기 시작한다. 최대의 컴퓨터 회사였던 IBM에 16MB DRAM을 먼저 개발해서 1991년 7월 30일 공개하고 해당 테스트를 통과함으로써, 미국과 일본을 누르고 메모리 반도체 개발 분야에서 세계 최초로 글로벌 1등에 지위에 오르게 된다. 일본은 인정하려 들지 않았고, 순차적으로 4MB를 개발하면서 자신들이 더욱 연구개발 및 생산성이 좋다고 주장했다. 그렇지만 외신에서는 삼성이 16MB DRAM의 쿠데타를 일으켰다며 스포트라이트를 비추었다.

미국도 가만히 있지 않았다. 자국의 반도체 산업이 일본뿐만 아니라, 신흥국 한국에까지 미치게 되자, 1992년에 미국은 한국 반도체 3개 회사(삼성, LG, 현대)에게 반덤핑 관세를 80%까지 강력히 매기려고 한다. 이제 성장세에 놓인 한국 반도체가 위기에 몰렸을 때, 상공부는 처음 직면한 반덤핑에 대응하기 위해 반도체 산업과장을 중심으로 '반덤핑 대책 협상 전담반'을 꾸리고 '반도체를 싸게 판매하는 것이 미국 IT산업에 이익이 된다'는 논리를 펼치며 대응해 나갔다. 그리고 3개 회사는 각각 IBM, Dell, 애플에 관세를 올릴 경우에 판매가가 올라가기 때문에, 낮은 가격이 중요하다는 논리를 펼치며 개별 설득에 나섰다.

　일본은 미일 반도체협정과 마찬가지의 결과를 내면서 다시금 일본이 수세에 몰려있는 메모리 반도체 업황이 변화를 줄 수 있지 않는가를 바라보게 되었지만 80%가 넘은 관세는 0.74% ~ 7.18% 정도로 조정되었다. 특히 삼성은 가장 낮은 관세 증가 비율을 얻게 되면서, 반도체 기술에서도 앞서면서 글로벌 대응에서도 새로운 경험을 얻게 된다. 1992년 8월 29일에는 64MB DRAM을 세계 최초로 만들게 되면서 1910년 을사늑약과 동일한 날짜에 일본을 기술로써 꺾었다며 실제로 일본을 삼켰다는 스토리를 완성시키고, 1993년에는 DRAM에서 세계 최고의 회사로 올라서게 된다. 미국과 일본이라는 틈바구니에서 서로 간의 균열과 협력은 어느 시대나 이어지고 있다.

PART 2

삼성과 TSMC

삼성과 TSMC의 등장

반도체 업계를 장악하려는 삼성

첨단 반도체를 가리키던 알람음, 누구나 다는 그 회사의 시그니쳐 소리가 있었다. 거함 인텔은 무어의 법칙에 따라서 2년마다 새로운 PC용, 서버용 시스템 반도체를 만들어 냈다. 인텔의 발표에 전 세계 사람들이 귀를 기울였다. 윈텔리즘Wintelism으로 반도체 하드웨어 인텔과 소프트웨어 윈도우를 독점하던 마이크로소프트, 두 회사는 범접할 수 없는 회사 같았다.

물론 독점적인 PC 시장에서 새롭게 모바일로 시장이 확대되자, 인텔은 도전을 받게 되지만, 특유의 틱톡Tick-Tock 전략으로 자신들의 전략을 소개하며, 따라올 수 있으면 오라는 자신감을 내비쳤다. 틱Tick은 생산 공정을 더 미세화하려는 방식이고, 톡tock은 설계에서 작은 미세 회로와 데이터 처리를 변화하려는 방식이다. 생산과 설계가 2년마다 번갈아 좋아지기 때문에 연구개발과 제조의 시간적 여유도 생기면서, 제품 성능과 양산성도 겸비가 될 수 있는 의미 있는 전략이다.

여기서 알 수 있는 단어, 설계와 생산에 주목해 보자. 반도체 산업은 크게 전방사업과 후방사업으로 나눌 수 있다. 통상, 다른 산업에서 전방과 후방의 구분은 정유산업의 예를 들면 간단하다. 유정이나 원재료를 전방이라고 하고, 정유공장을 통해서 생산되는 영역을 후방산업이라고 한다. 수원부터 강의 상류 하류를 말하는 방식과 유사하다. 그런데 반도체 산업은 기본적인 원재료가 있는 기반 산업을 후방이라고 말하고, 반도체 칩을 설계하고 만드는 제품을 전방이라고 말한다. 원천보다 제품을 더 중요시한 구분 방식이다. 전방과 후방을 다시금, 제품산업과 기반 산업이라고 나누고, 이 둘을 설계와 생산, 그리고 소재와 부품 장비 산업으로 구분할 수 있다. 실제 반도체 제품 산업의 구분이 설계와 생산이다.

반도체 산업을 일으킨 미국은 설계와 생산을 동시에 하는 종합반도체회사*를 지향했다. 여전히 차량용 반도체나 특수성능의 반도체에 기술력을 보유하고 있는 텍사스 인스투르먼트나 반도체의 여전한 강자 인텔의 경우 종합반도체회사이다. 삼성은 시스템 반도체의 아성인 인텔을 잡기는 어렵다고 판단했고, 후발주자로서 규격과 성능이 어느 정도 범용성을 띠고 있는 메모리 반도체에서 종합반도체회사가

● IDM: Integrated Device Manufacturer 종합반도체

되려고 했다. 설계와 생산의 두 구분 중에서 성능이 규정되어 있는 메모리의 경우 상대적으로 설계보다는 생산 방식의 변화가 뚜렷한 제품 성능 증가의 요인이었기 때문에 집중할 수 있는 계기가 될 수 있었다. 특히 1980년대부터 1990년대까지 10년간 부리나케 일본의 메모리 회사를 삼켜버릴 수 있게 된 원동력도 생산 방식인 공정의 미세화를 두세 계단을 한꺼번에 뛰어오를 수 있을 정도의 기술적 여유가 있었고, 강도 높은 노동으로 추격 가능한 수준이었다. 이후 무어의 법칙보다 공정 미세화를 일으킨다는 황의 법칙의 성공에도 동일한 성능의 반도체 크기를 계속 줄여나간다는 명확한 방향 제시가 가능했기 때문에 종합반도체회사의 전략은 성공적이었다.

삼성 또한 메모리 제품의 황의 법칙을 필두로 메모리 제품의 다변화 또한 시도하려고 했다. 다양한 형태의 퓨전 메모리를 만들었는데, 이는 성능이 규정되었다는 메모리의 한계를 넘어서기 위한 시도였다. 이 또한 생산 공정이 탄탄했기 때문에 가능했다. DRAM이 빠르지만 데이터가 삭제된다는 단점을 해결하기 위한 PRAM_{PhaseShift RAM 스위치} _{물질의 상변화를 활용해서 정보 저장이 가능한 메모리반도체}, 공정 미세화에 따른 트랜지스터 동작의 어려움을 알고, 이를 물질로 극복하기 위해 진행했던 새로운 메모리 FeRAM, MRAM 등은 지금까지도 그 가능성을 타진할 수 있는 기술적 시도였다. NAND가 데이터 저장 용량은 높지만, 속도가 느렸던 단점을 개선하기 위해서 회로 설계를 바꾸었던 one-NAND 등의 시도는 그 안에서 가능했었고, 설계를 생산에 곧바로 적용할 수 있었던 강점이었다.

TSMC의 등장

이러한 종합반도체 산업에 대한 의문을 품었던 인물이 등장하기 전까지는 말이다. 메모리 반도체 1등은 삼성, 시스템 반도체 1등은 인텔이 설계와 생산을 모두 석권하려고 할 때, 어떤 제품에도 자신의 이름을 남기지는 않지만, 손길이 닿아있는 회사가 등장했다. 그 회사는 파운드리라는 아주 고전적인 단어를 썼다. 파운드리는 원래 대장장이가 썼던 철기시대의 거푸집에 철물을 붓는 '주조' 방식을 의미했다. 마시멜로우에 초콜릿을 발라먹는 퐁듀Fondue라는 음식의 어원과도 유사하다. 이렇게 어떠한 물질을 녹이고, 붓는 주조작업과 유사한 파운드리는, 탱크까지 만들어 낸다는 문래동 철공소처럼 고객이라는 설계도 제작자Fabless에 맞게 그들의 상상력을 실제 물질로써 생산한다는 비전을 수립했다.

설계와 생산을 구분하는 방식은 전 세계가 생존을 염려하는 TSMC의 창업자 모리스 창의 아이디어로부터 탄생했다. 그는 텍사스 인스투르먼트에서 반도체 제품 생산을 책임지는 No.3가 되었고, 사장을 꿈꾸고 있었지만, 회사에서는 다른 전자기기 영업 담당으로 그를 써버렸다.[*] 더 이상 승진이 어렵다고 생각한 그는 국공내전을 피해 이민을 택했던 부모님의 길을 다시금 거꾸로 밟아서 그가 태어난 대만으로 돌아갔다. 대만은 제조업 기반이 약했기 때문에 동아시아의 대표적인 공업국이 되려는 목표를 삼았고, 1959년에 이미 만들어진

● 제임스 애슈턴, 『ARM, 모든 것의 마이크로칩』, 백우진 역, 생각의 힘, 2024

페어차일드 반도체의 단순 조립 공정을 어떻게 부가가치 높일 것인가를 고민했다.● 대만의 재무장관은 모리스 창에게 전권을 주며 반도체 산업을 만들어달라고 애원했다. 모리스 창의 생각은 좀 달랐다. 부가가치가 덜한 조립 공정보다 도전적이지만 반도체 핵심 공정인 웨이퍼 기반의 공정을 발전시키자는 것이었다.

그러면서 아이디어를 떠올린 것이, 모든 전자제품에 활용되는 반도체는 각기 특성이 따로 있는데, 모든 제품의 설계도를 인텔과 텍사스 인스투르먼트와 같은 거대 반도체 회사에서 만드는 것은 비효율적이었다. 제조라는 체계는 상당히 위계가 강했는데, 자유롭게 토론하며 아이디어를 발현하려는 설계 엔지니어들은 작은 사무실에서 설계도를 만들기 원했다. 그렇지만 설계도는 구현되지 않으면 아무런 효과가 없었다. 여기서 착안해, TSMC는 반도체 생산을 도맡아서 하려고 했다. 처음에는 설계회사들이 설계도를 훔쳐 가지 않을까 걱정하고, 다른 곳에 정보를 유출하지 않을지 의심했지만, TSMC는 '고객과 경쟁하지 않는다'라는 캐치프레이즈를 내세웠다. 그리고 설계도를 받은 뒤에 생산 방식을 함께 만들어가면서 문제를 해결하기 시작했고 신뢰를 구축했다.

크기가 작은 게임 시장용 그래픽카드를 만들던 설계회사 엔비디아는 인공지능 기술을 처리하려면 무한히 많은 변수를 한꺼번에 행렬로

● 크리스 밀러, 「우리는 대만 반도체 산업을 원합니다 」, 『칩워 : 누가 반도체 전쟁의 최후 승자가 될 것인가』, 노정태 옮김, 부키, 2023

처리해야 하는데, 그것이 픽셀 단위로 RGB 값 정보를 배열하는 이미지 처리와 동일하다는 것을 알게 된다. 저품질의 그래픽카드를 만들 때부터 모리스 창은 엔비디아의 창업자 젠슨 황에게 직접 전화해서 설계도를 직접 구현하겠다고 하며, 고객과 함께 성장하겠다고 공헌했다. 그렇게 스타트업 때부터 함께한 회사가 점점 늘어나면서 모든 제품에 대한 문제해결 경험과 사례가 축적되었기 때문에 TSMC는 모든 반도체 설계회사를 상대할 수 있는 시스템을 갖추게 되었다. 신뢰뿐만 아니라 익숙한 업무 방식은 설계와 생산을 구분하는 반도체 업계의 새로운 표준을 만들게 됐다.

종합반도체회사와 협업 회사의 등장은 새로운 패러다임이었고, 최적 역할 분담으로 협업의 입지가 확대되고 있다.

한국과 대만의 반도체 전략

　한국의 반도체 산업 시초를 어렵게 구축했던 강기동 박사의 경우 모리스 창의 이름을 거론하며, 그가 만들었던 반도체가 모리스 창이 생각했던 것보다 월등히 뛰어났다며 아쉬움을 나타냈다.[•] 이러한 토로는 반도체 산업이 대기업을 중심으로 위계적 생산 체계를 가진 것에 대한 안타까움이었다. 종합반도체회사는 설계와 생산을 통해서 완제품의 반도체를 팔지만, 반도체 생산회사는 반도체 생산 방식을 판매하기 때문에 완제품을 파는 방식보다 훨씬 더 수평적이고 협력적일 수밖에 없다. 우리나라의 재벌그룹 내 의사결정 방식은 외부 고객보다 상대적으로 내부 고객의 보고와 의전에 신경을 쓸 수밖에 없었고,

---

● 강기동 저, 『강기동과 한국 반도체 : 강기동 자서전』, 아모르문디, 2018

타 회사에게는 갑의 위치에 있었다. 대기업 중심의 한국적 생산 방식이 이토록 거대한 성공을 거두었고, 반도체 업계에서 모든 것을 장악하려는 도전에 나설 수 있었던 이유가 되기도 했지만, 개별 기업을 중심으로 국내 산업 체계가 위계를 갖게 되는 단점으로도 작용하기 시작했다.

대만 정부가 모리스 창에게 전권을 주고, 반도체 기업들을 초기 정부 지분을 충분히 확보했다가 순차적으로 민간 자본으로 전환했다는 점은 두 가지 지점에서 국내 산업구조와 국가 지원상에서 차이가 난다. 첫째, 우리나라 산업 정책은 산업군마다 대표기업을 두고, 그 기업이 산업 생태계를 자발적으로 조성하도록 위임했다. 전자는 삼성, 화학은 LG, 제철은 포스코, 중공업과 자동차 그리고 건설은 현대, 정유는 SK 등으로 대기업과 그에 준하는 기업들이 수입 대체품을 만들다가, 경쟁력을 세계적으로 확보할 수 있는 토대를 마련하도록 했다. 특히 IMF 전후의 빅딜은 국가 단위의 위기에서 결국 대표기업만이 살아남는다는 절박함 아래, 형평성보다는 효율성을 강조하는 방향으로 귀결되었다. 이로써, 반도체 산업은 삼성이 대장 기업이기 때문에 소재, 부품, 장비까지 조정할 수 있게 됐다. 이는 오랜 시간 서로 협력관계였었던 서구와 일본의 수평적 방식과는 다른 전략이었다.

반면 대만의 경우, 정부가 촘촘하게 반도체 산업을 중심으로 집중된 산업 정책을 운영하였으며, 반도체의 각 부분 내에서 분업화와 협력, 이익공유를 중요시했다. 부가가치가 적었던 생산 공정 내에서 후공정 산업을 그대로 없애거나, 큰 회사에 편입하기보다는 그들의 이익과 생존을 보장하는 상태로써 분업체계를 운영했고, 그것에 맞춰서 파운드리 방식으로 후공정이 아닌 전공정에 집중했던 TSMC 그리고 그들보다 투자 금액이 높지는 않지만 안정적인 매출을 일으킬 수 있는 UMCUnited Microelectronics Corp 그리고 PSMCPowerchip Semiconductor Manufacturing Corp 등을 짜임새 있게 구성하는데 정부가 주도적으로 나섰다. 또한 우리나라에서는 종합반도체회사가 전공정과 후공정을 모두 맡고, 일부 부가가치가 낮은 형태의 일부 후공정만 외주를 받는 형태로 운영하고 있으나, 대만은 후공정 Top1 기업 ASE를 비롯 독자적인 비즈니스를 창출할 수 있는 기업들이 있다. 그리고 한국에는 메모리 반도체 설계는 종합반도체회사에서 모두 운영하면서도, 시스템 반도체의 설계 능력은 여전히 삼성을 중심으로 격차가 큰 일부 설계회사만 있으나, 대만은 세계 Top5 안에 들어갈 수 있는 설계회사 미디어텍과 이를 중심으로 설계와 생산의 연결고리가 되는 회사들을 5명 내외의 소규모 기업부터 수만 명 단위의 기업 역할을 조목조목 조정할 수 있는 체계를 갖추었다. 경쟁적으로 승자 한 명이 독식하는 구조보다는 전자산업 하나에 집중해서 그것을 대만 전역에 특정한 이윤 창출 수단이 되도록 했다. 협력적이면서도 대만이라는 영토를 반도체 산업 하나를 위해서 집중했던 방식이 인상적일 수 있다.

물론 삼성과 인텔이 주도했던 종합반도체회사와 산업 내 생태계를 갖추었던 분업화된 방식이 어떤 것이 더 좋은지는 경합했던 시기라고 할 수 있다. 1990년대에 TSMC를 중심으로 대만은 메모리 반도체 기업 뱅가드를 출범시켰으나, 삼성이 저돌적으로 밀고 나가는 기술 개발 방식과 엄청난 원가경쟁력을 따라잡지 못해서 2000년에 메모리 시장에서 철수하는 방식을 택했다. 모리스 창은 이건희 회장의 안내로 삼성 기흥 FAB를 방문하기도 했었으며, 이것은 어느 정도 방향이 정해졌을 때, 한 방향으로 달려 나갈 수 있었던 삼성의 경영 리더십과 조직문화 측면의 유리함이라고 할 수 있다.●

둘째, 국가에서 제공하는 다양한 인프라의 혜택도 두 국가가 차이를 보인다. 국내에서는 삼성과 SK하이닉스를 중심으로 한 개별 기업의 입지에 산업 단지가 구축되었던 것과 달리, 대만의 반도체 기업들은 과학산업단지Science Park에 입주해 있고, 입주를 위해서는 과기부 산하 국가과학기술위원회NSTC의 승인을 받아야 하고, 해당 부지는 국가 소유로써, 임대 방식으로 기업주들에게 임대하고 있다. 이처럼 산업 단지의 입지에서도 정부 주도와 민간 주도의 차이를 통해서 국가별 개별적인 방식을 운용했다.

반도체 산업 발전의 초기에는 우리나라와 대만 모두 개발도상국이자, 식민지 경험이 있던 국가로서 자본이 있는 국가가 산업 전반에 경제발전 계획을 세웠으나, 1990년 전후 반도체 산업의 성장에 따라서 민간이 주도하는 방식으로 전환되었다. 그렇지만 국책 연구소인 한국의 ETRI와 대만의 ITRI는 그 역할의 중요성이 현저하게 차이가 나기 시작했다. 메모리 반도체를 중심으로 했던 국내에서 삼성은 메모리뿐만 아니라, 연결된 산업인 소재, 부품, 장비 관련된 산업의 정책

● 린훙원 저, 『TSMC, 세계 1위의 비밀』, 허유영 역, 생각의 힘, 2024

적 주도권을 가지고, 국책 연구소나 정부 기관이 거드는 역할을 했을 뿐이다. ETRI는 정부가 주도하던 1990년 전후까지 반도체 산업의 기술 개발에 영향력이 있었으나, 이후에는 거대한 자본력은 물론, 인적 자원의 편중이 기업에 쏠리게 되면서 기술 표준 등에 대한 협력, 일부 반도체 설계, 시스템 반도체 분야 특허 창출 등의 역할에 머무르게 되었다. 반면, 대만은 ITRI에서 대만 반도체 산업의 기술 로드맵을 지속적으로 생성하고 국가의 반도체 산업 중시 전략에 기술적, 정책적 헤게모니를 여전히 유지할 수 있었다. 이러한 개별 기업 주도와 기업 – 정부 연계하는 방식은 서로 간의 장단점을 글로벌 수준에서 결과로써 드러낼 수밖에 없었다.

그렇지만 공통으로 반도체 산업 및 관련 이론을 처음으로 만들어낸 미국과 서구, 일본을 중심으로 부가가치가 상대적으로 높은 반도체 설계와 소재, 부품, 장비 관련된 것들은 제품의 방향성과 제품을 만들 인프라를 소위 선진국이 된 국가들이 선점하고 있었다면, 한국과 대만은 다른 전략을 활용했으나, 어떤 공동체도 쉽게 달성할 수 없었지만 성실한 노동자들에 의해서 어디서도 복제할 수 없는 체계를 갖추게 되었다.

소위 글로벌 분업체계의 영향성이 상당했다. 소프트웨어와 반도체 설계를 고부가가치로 여기고, 제조업을 등한시한 서구는 여전히 새로운 기술을 창출하며 그것이 뛰어난 것이라 하지만, 고부가가치 반도체를 만드는 대만 기업 TSMC와 삼성을 비롯해 꿋꿋이 반도체를 만들어온 기업 몇몇만이 과점 형태로 생산을 담당하고 있다.

삼성과 TSMC라는 거대한 반도체 기업은 서로 다른 전략을 취하며, 어떤 때에는 서로의 장단점이 그대로 드러나다가도, 더욱더 제품 생산이 어려워지는 지금, 다시금 장악이냐 협력이냐는 전략의 중요성은 아무리 강조해도 지나치지 않는다.

한 줄 요약

삼성 그리고 한국이 선택했던 대기업 집중 전략은 한시적 성취는 거두었으나, 그 실효성을 현실적으로 검토해야 한다.

해외 소부장(소재, 부품, 장비)회사는
삼성에 복종하지 않는다

반도체 공정 개발을 진행하면서 제품사들은 하나의 설비 회사에 의존하지 않으려고 한다. 특히 2006년 전후로 설비 회사 다변화 및 국산화에 대한 접근이 시작됐다. 국내 장비사는 2000년 전후로 새롭게 생겨나기 시작했다. 연구원으로서 국내회사 장비의 초기 수준을 직접 느꼈던 나는 2016년 전후로 반도체 장비 국산화 비중이 급격히 증가된 것이 상당히 놀랍고 고무적이라고 생각한다. 그렇지만 국내 반도체 장비회사는 해외 장비회사 수준으로 커나가는 것이 만만치가 않다. 제품사에서는 반도체 장비 개발 과제 제안을 복수의 회사에 진행할 수 있으며 거기에 굳이 국내 장비회사를 대상으로 포함시키는 이유는 직접 국내 장비를 활용할 수도 있지만, 해외 한 회사에 집중된 설비 구매를 다변화하기 위한 가격 협상책으로 국내 장비사를 활용하기 때문이다.

이는 계약 조건을 빡빡하게 하지 않을 경우에는 국내 장비사들의 연구개발 경쟁력을 소진하는 결과가 될 수도 있다. 종종 장비회사마다 특허 소송이 일어나고 있다. 이는 직접 장비사들끼리 기술력을 베끼거나 특허를 침범했을 수도 있지만, 사람과 사람 사이의 이동이나 정보 확보를 통해서 은연중에 동일 공정용 장비를 개발할 수도 있다. 장비 한 대 가격이 기본 수십억 원에 이르기 때문에, 설비 입고 물량이 반토막이 나거나 가격 협상에 밀릴 경우 수익이 크게 저하되기 때문에 장비사마다 신경이 곤두설 수밖에 없다.

5,000억 원 장비로 유명한 노광공정 장비회사 ASML, 미국의 가장 오래된 최고의 장비회사 AMAT Applied Materials, 일본의 회사 TEL, 인수합병을 통해서 순위가 급상승하는 LAM Research, 계측 공정에서 세계적인 수준을 견지하고 있는 KLA는 Top5 장비회사로서, 반도체 장비 매출의 80% 이상을 담당하고 있다. 대체가 안 되는 장비의 경우에는 슈퍼 을의 자리에 있을 수밖에 없다. 900개 공정 중에서 주요한 공정 장비만 빠지더라도 공정은 진행될 수가 없기 때문이다. 글로벌 장비사들은 특히 특허나 기술 탈취에 대한 위험성을 알고 계속 설비를 블랙박스화시키려고 한다. ASML이나 AMAT은 주요 부품이나 모듈의 경우 제품사에서 구매했음에도 접근을 불허하려고 한다.

이 회사들은 설비 사양을 검토할 때 자신들의 의견을 끝까지 관철하면서 '그렇게 요청을 하면 회사 장비를 팔지 않겠다'는 협박 같은 협상을 논지로 끌어올 수 있다. 설비 사양 검토시에 제품사 맞춤형 개발은 자신의 BOMBill of Materials 핵심 생산 조건에 위배가 될 수 있기 때문에 지양하는 편이다. 또한 설비 사양에서 요청한 사항을 지키려 하지만, 설비 사양의 세부 부품이나 모듈을 수급하기 어려울 때는 사양에 맞지 않는 모듈을 가지고 올 때가 있다. 설비 셋업은 그때 맞춰 지연되기도 한다.

제품 미세화에 따른 설비의 변화는 그간 국내회사의 설비 운영 방식에 큰 변화를 일으키게 된다. 앞서 제시한 대로 IMF 이전까지 설비를 구매한 뒤에 유지보수의 대부분을 제품사의 엔지니어가 직접 수행했다. 삼성의 맞춤형 설비를 만들기 위해서 나름의 실력을 동원해서 설비 최적화를 위해 유지보수 및 개별 개조 개선 작업을 진행했다. 어떤 제품이든 간에 품질 보증기간이 있는데, 통상 반도체 설비는 3년 전후의 품질 보증기간이 있다. 이 기간 이후에 반도체 설비의 유지보수를 맡았던 이들이 IMF를 마치고 반복적인 작업인 예방보전 활동을 PM 전문회사로 일임하기 시작했다.

이후 라인의 규모가 확대되고 설비 투자가 급격히 늘어나기 시작했다. 라인의 확장은 결국 생산성의 증가로 연결되는데, 삼성 화성 15라인의 경우 장축의 길이가 150m였다가, 16라인, 17라인을 넘어가면서 그 길이가 300m~500m까지 증가한다. 평택 1라인, 2라인, 3라인도 라인 확장 시기에 맞춰 최대폭으로 상승하게 된다. 그렇게 됐을 때 라인에 입고된 설비 대수는 엄청나게 증가하게 된다. 라인을 폭발적으로 확장할 수 있는 기반에는 90% 이상의 오퍼레이터가 사라진 라인 자동화의 영향이 컸다. 이제 더 이상 라인에서 설비의 위치는 인간이 인식할 필요가 없게 됐다. 이제 일렬로 늘어진 설비가 사람들의 손을 거쳐 웨이퍼 상자가 움직이는 게 아니기 때문에, 복잡한 배열을 통해서라도, 꼭 한 뼘이라도 단위면적에 생산성을 최대한 높이기 위해서 라인에서 설비 위치가 상당히 복잡해지기 시작한다. 그렇게 하더라도 라인의 동일 공간에서 설비의 대수를 한꺼번에 자동화해서 관리할수록 설비가 멈추더라도 동일 설비로 우회할 수 있어 지연되지 않고, 가동률을 극대화할 수 있게 됐다. 라인은 넓어지고 설비는 숫자가 크게 증가하기 시작했다. 더 이상 제품사 엔지니어가 설비 유지보수를 도맡아 할 수 없게 된다.

그런데 이 시점에서 제품사와 설비사 간의 기술 유출 사고가 발생한다. 2008년 설비사에서 동일 모델에서 진행하는 제품기업 A사의 공정 레시피를 제품기업 B사로 유출했다는 점에서 복잡한 소송전쟁이 진행된 것이다. 결국에 대부분 무혐의로 종결되었으나, 제품사 A의 경우 설비 기술 내재화라는 과제를 고심하게 된다. 경직된 제품기업 A사와 설비사 간의 관계는 흐지부지 종결될 수밖에 없게 됐다. 그렇지만 설비를 직접 제작하지 않더라도, 제품사는 설비 사향을 면밀히 검토할 수 있고, 설비를 개발하고 기획할 역량만은 가져야겠다는 생각을 하게 되면서, 설비 기술 국산화 및 제품사 자회사를 통한 설비 개발에 박차를 가하게 된다.

이렇게 되면 제품사에는 크게 3종류의 설비가 자리하게 된다. 첫번째 해외회사에서 구매한 기존 설비이다. 두 번째, 해외회사에서 구매할 신규설비, 마지막으로 대체할 수 있는 국내회사에서 구매한 설비이다. 이들 끼리는 설비 엔지니어 기술력과 회사 간 기술 유출에 대한 서로 간의 복잡한 위험성을 담지하면서도, 기술 난이도 증가에 따라서 결국에 라인 간 설비 간 공정 일치화를 요구하게 되는 어려움에 부닥친다.

삼성의 예를 들면, 설비사의 품질 보증 기간이 끝난 다음에 최대한 설비 성능을 확보하기 위해서 엔지니어 기술력이 필요하다. 그렇다면 라인 간의 엔지니어 실력 차이에 의해서 설비 유지보수 방식이 달라진다. 그러면 동일한 설비이더라도 그 내부에는 다른 사양으로 조금씩 변하기 시작한다. 혹시라도 동일 모델의 설비에서 제품개발에 따라서 다른 공정이 도입되게 된다면 설비는 새롭게 개조 개선되어야 하는데, 이미 내부적으로 달라진 설비 사양으로 개조 개선을 할 수 없게 되거나, 설비사에서 품질을 확보할 수 없다며 개조 개선에 따른 품질 보증을 할 수 없다고 나오게 된다. 반도체 설계 이미지에 불과하듯, 반도체 공정 조건 또한 설비와 소재를 기반으로 밖에 할 수 없고, 공정 조건을 탐색할 때 설비 사양의 한계를 넘어서는 조건을 만들면서 설비 성능이 조기에 악화되거나 예기치 않은 품질 사고가 터지게 된다.

두 번째 새롭게 도입되는 신규설비는 엔지니어의 손을 거치려고 하지 않는다. 공정이 미세화될수록 설비사에서 대표적으로 제공하는 공정 조건을 중심으로 설비 사양이 결정된다. 이 조건을 BKM_{Best Known Method}이라고 부른다. 국내 제품사들은 어느 정도 차이는 있더라도 자체 설비 기술력을 높이려고 애를 써왔다. 설비 유지보수를 직접 하려 했고, 고장 수리도 직접 문제해결을 하려고 했다. 부품 국산화를 위해서 업체들을 알아보면서 비용 절감에 애쓰려고도 했다. 그렇지만 공정에 영향이 큰 부품을 기존 설비사와 다르게 개발했을 경우 그 리스크는 상당하다. 그렇다고 설비사에만 끌려갈 수도 없게 된다. 그러면서 신규설비가 많은 곳일 수록 실제 엔지니어들에게 설비 유지보수 역할이나 개조 개선, 국산화 역할을 줄이기 시작했다. 설비 기술이 기술 유출 사고를 필두로 몇 차례 설비 기술력이 약하다는 이야기는 있었지만, 그것을 어떻게 해결해야 할지 난감해졌다. 여기에 세 번째로 국산화 장비의 도입은 국내 반도체 생태계 확보에는 필요하나, 그 기술력와 인적자원의 한계로 제품의 수율과 품질을 확보하는데 상당히 어려움으로 작용했다.

설비 기술력이라는 뭉뚱그려진 그 무엇은 압축적인 반도체 설비 기술력 확보의 역사에서 그대로 드러난다. 처음에 주로 공업고교 출신의 테크니션을 중심으로 설비 엔지니어를 양성했고, 대졸은 공정, 고졸과 전문대졸은 설비라는 뚜렷한 구분이 있었다. 그들은 90년대 말 사번이 통합되기 전까지 사번도 근무표도 따로 쓸 정도로 차별이 있었다. IMF 때부터 처음 설비 엔지니어로 대졸자들이 입사하기 시작했다. 그들은 설비과 공정의 차이 자체를 모를 수도 있었으며, 그때의 군대식 문화가 대졸 중심의 공정보다 더욱 심각해서 라인에서 사고를 수습하다가 늦는 선후배들이 올 때까지 모두 기다렸다가 식사해야 하고, 퇴근 시간이 늦을수록 무조건 성과가 좋다는 가정을 하는 등의 생활 인습이 남아있었다.

몇몇 대졸자들은 해외 설비 엔지니어들과 영어로 대화한다고 외국어가 짧은 선배들에게 꾸지람들 듣기도 했으며, 신입사원 OJT_{On the Job training} 기간에 고졸과 전문대졸 선배들에게 따돌림이나 모욕을 당하기도 했다. 그렇지만 라인의 설비 대수가 늘어나고, 단순 반복이면서도 숙련을 중심으로 하는 설비 유지보수 역할을 PM 전문회사와 장비회사로 넘기게 되면서 설비 엔지니어의 역할 변화를 꽤하게 되었다.

특히 2008년도에 있었던 설비 기술 유출에 따른 설비 기술 내재화로 대졸자 설비 엔지니어들의 규모가 증가하게 됐다. 외주화의 측면뿐만 아니라 자동화의 측면 또한 확대되는 기조와 함께하면서, 삼성의 이야기이긴 하나, 이때쯤 불어온 조직문화의 변화 바람에 따라서 설비 엔지니어의 역할도 숙련과 장시간 노동이 아니라 연구개발 및 효율성을 기반으로 재구조화되기 시작한다. 90% 이상의 제조직 사원들이 방진복을 입고 다녔던 FAB에는 무진동 무소음의 OHT 레일이 FAB 천장에 매달려 있다. 정전 사고를 대비하기 위해 회사 근처에 살았던 이들의 보이지 않는 헌신은 10%의 동력밖에 남지 않았고 그 또한 자동화된 물류 시스템의 오류를 인식하는 알람의 역할, 엔지니어를 채근하는 역할만 남지 않았다. 왜냐하면 그들에게 책임을 질 만한 요소를 점점 삭제했기 때문이다.

물류 자동화가 안착되기 전까지, 제조부서는 반도체 생산과 제조의 모든 것을 책임진 총대를 멘 조직이었다. 엔지니어들과 길항적이면서도 적대적 동맹과 선의의 경쟁은 품질과 생산성을 동시 만족하려는 이들의 응축된 노력의 산물이었다. 모든 물류는 시스템이 독점한 상황에서 제조 담당자는 비일상적인 오류나 시급한 물류의 조정에 대한 시스템의 순서 변경 등의 권한으로만 업무가 축소되었다. 그렇다면, 품질과 생산성에 대한 책임은 누구에게 부과되냐, 결국에 가장 FAB에 가깝게 있는 설비 엔지니어에게 부과된다. 공정 미세화에 따라서 설비 유지보수와 개조 개선 업무는 더욱 난이도가 상승하게 되지만, 설비 엔지니어는 조직내의 인정도, 기술력의 존중도 받지 못하면서 온갖 책임만 생기게 됐다. 자동화된 라인에서 생산은 물론 환경 안전, 협력사 관리, 부품 수급 등의 모든 책임을 그들이 지게 됐다. 해외 소재, 부품, 장비사들이 글로벌 경쟁력을 갖추고 있는 지금, 그들과 협력이 없이 현장의 엔지니어들에게 책임을 묻는 방식을 반복하게 된다면, 기술력 향상을 통한 소부장 업체와 경쟁적 협업도, 이에 따른 수율상승과 비용절감도 기대할 수 없다. 그 토대의 차이가 가속화되고 있다.

해외 소부장회사는 글로벌 경쟁력을 갖춘 회사들로, 한국의 대기업 위계로 편입될 수 없다. 반면에 TSMC는 그들과 협력을 구축했다.

TSMC는 오랫동안 설비에 대한 관심을 멈추지 않았다

"얘기 들으니까, 맞는 것도 같은데, 이제는 엔지니어링 활동을 직접 한지도 오래되어서, 그게 맞는 것인지 모르겠어요. 위에서도 알아주지 않으니까, 중요한 일로 여겨지지 않아요."

삼성의 설비 엔지니어는 예상 밖의 솔직한 대답을 했다. 설비 유지보수 활동을 직접 해온 지 오래되다 보니, 맞는 것인지 모르겠다는 현실을 반영하는 담담한 이야기였다. 이제 수율(반도체에서 수율이란 웨이퍼에서 생산할 수 있는 반도체 칩의 개수 중 정상적으로 생산된 반도체 칩 비율)과 품질의 주도권은 설비로 넘어왔지만, 언제나 역량 부족과 외주화, 자동화의 파고에 허덕였던 설비 엔지니어들은 그들의 역할과 책임, 성과와 발전을 현장에서 인식할 수 없게 됐다. 외주화,

자동화에도 사람을 남겨두는 것은 책임을 묻기 위해서다. 수율의 문제는 더 이상 연구개발의 문제가 아니다. 설비 한 대, 그레이팅 하나, 배관 한 줄의 기본적이면서 세세하고 미묘하고 복합적인 문제다.

미국에서 시작한 반도체 산업은 일본을 거쳐 한국과 대만의 FAB 중심으로 발전해 왔다. 결국 서구의 설계와 아시아의 생산으로 이분화되었지만, 반도체 생산이 없다면 실물 반도체를 확보할 수 없다. 반도체 직접 생산은 한국과 대만의 회사들이 노하우를 가지고 있지만, 일본이 다시금 과거의 영광을 되찾기 위해서 라피더스(일본 반도체 기업)를 만들었다. 미국은 IRA^{Inflation Reduction Act} 인플레이션 감축법이라는 명목으로 반도체 생산을 다시금 미국으로 들여보내려고 하는 리쇼어링^{Reshoring 해외에 진출한 국내 제조 기업을 다시 국내로 돌아오도록 하는 정책}을 추진 중이다. 일본과 미국이 생산에서 과거의 영광을 되찾는 일은 어렵다. 여전히 인텔과 글로벌 파운드리가 생산을 하고 있지만, 인텔은 '7nm 장인'이라는 조롱 섞인 별칭이 있을 정도로 5nm 이하 미세공정에 뛰어들지 못하고 있다.● 인텔이 ASML의 최신 장비를 구매했고, 1.8nm를 넘어서 1.4nm 공정을 하겠다고 으름장을 놓겠지만 종이호랑이라는 의견이 지배적이다. EUV 시초 도입에 따른 기회비용을 날렸다는 말도 있지만 삼성, SK하이닉스, TSMC는 EUV를 처음부터 써왔고, 40번의 층에서 EUV 활용하는 층을 늘려가는 상황이다. 마이

● 이승우 지음, 『반도체 오디세이 한 권으로 끝내는 반도체의 역사와 세계 반도체 전쟁의 모든 것』, 위너스북, 2023

크로미터 크기의 진동에도 민감하며, 일정 수준의 진동 이상이면, 설비 품질은 약속할 수 없다면서 설비 셋업을 하지 않으려는 ASML은 7nm 장인인 인텔 제조 현장에 과연 설비 셋업이 가능할지도 알 수 없는 상태이다.

일본은 2010년대 도시바의 매각 이후 이렇다 할 미세공정 생산에 성과를 거두지 못했다. 고급 DRAM을 만들던 엘피다는 마이크론에 팔려 엔지니어들은 이미 뿔뿔이 흩어졌다. 반도체 공정은 각 제품의 세대 변화마다 20% 이상씩 공정 전환을 해야 한다. 근본적인 소자 구동이나 층별 구조는 유사하겠지만, 제품화할 수 있는 노하우가 떨어지게 된다. 그래도 미국과 일본은 반도체 산업에 가장 먼저 뛰어든 국가들이기 때문에 반도체 소재와 설비 분야의 우수한 회사들이 많이 있다. Top5 장비회사는 물론 고부가가치의 소재 회사도 그들에게 있다. 그들이 생산에 뛰어들면 금세 따라잡을 것도 같지만 실체적인 소재와 설비가 있어도 그것은 어려운 일이다.

반례가 곧바로 대만의 TSMC가 있다. 대만은 이렇다 할 설비와 소재 회사가 없다. 그렇다면 왜 TSMC의 생산은 수입하는 수많은 소재와 설비 속에서 빛나게 발전할 수 있었을까? 베일에 가려진 TSMC는 파운드리 분야에 엔지니어가 7만 명이 훌쩍 넘는다는 이야기가 있고, 반도체 설계Fabless - 디자인 하우스DSP, Design Solution Partner - 전공정 생산Foundry - 후공정 외주OSAT, Outsourcing Assembly & Test의 효과적인 분업체계가 있다는 이야기마저 들려온다. 그렇지만 이것으로 우수한 수율을 감당할 수 없다. 설계 - 디자인하우스 - 생산 사이의 연결고리는 성능과 연결되어 있지만 수율과는 관련이 없다. 결국 수율은 전 세계가 미국과 일본, 유럽의 설비를 쓰면서도 생산회사가 가진 노하우에 있다고 볼 수 있다. 같은 장비를 쓰면서도 어떻게 이런 변화가 있는 것일까?

그 회사들이 구매하는 설비의 80%가 미국과 일본, 네덜란드에서 만든다. 대만에는 반도체 설계와 전공정, 후공정 생산을 위한 회사들이 분업화를 토대로 각기 발달했다. 그중에서 TSMC가 전공정 생산에 뛰어난 측면이 있는데, 소부장의 생태계가 없이도 연구개발과 수율에 세계적인 성과를 거두고 있다는 것이 놀랍다. TSMC는 오랫동안 설비에 대한 관심을 거두지 않았다는 점을 알 수 있다. 총면적은 3만 6천km^2로 남한의 30%에 불과하고, 총인구가 2,400만 명으로 우리의 절반도 되지 않는 대만이다. 게다가 TSMC는 98% 임직원이 내국인으로서, 거의 외국인을 채용하지 않는다. 특히 한국인들을 채용하지 않는 것으로 유명하다. TSMC에 대한 모리스 창의 사업적 의사결정이나 수평적 구조, 위기의 상황에서 다시 그가 등판했다는 다시금 천재성과 리더십, 영웅적 모습을 비추는 문헌들은 많지만, 어떻게 해서 수만 명의 사람들이 합심하여 뛰어난 성과를 거두는가는 강조하지 않고 있다.

TSMC, 인텔, 삼성을 나누어서 생각해 보자. TSMC는 기술 내재화와 설비 표준화에 집중하고 인텔은 기술 외주화에 집중했으며, 삼성은 외주화와 설비 자동화에 집중했음을 중심으로 서술해 볼 수 있다. 앞서 제시한 대로 세 회사는 동일한 설비를 가지고 공정을 진행한다는 공통점이 있다. 수율의 차이가 있다는 것은, 연구개발 문제가 아니라는 것을 의미한다. 반도체 업계를 둘러싼 수많은 이들이 설계 인력을 확보할 것을 주문한다. 혹은 TSMC와 같은 생태계를 만들어야 한다고 말한다.

TSMC가 제품 양산 성공과 수율 증대를 위해서 총 900개 공정과 300대의 대표 설비와 3,000대 전체 설비로 공정과 설비의 규모를 상정한다고 예를 들자. 라인의 엔지니어 한 명이 각각 두 대씩의 설비를 유지보수하고 성능 향상하는 일을 맡는다. 1대의 대표 설비와 동일 조건을 만들기 위해서 10대의 설비가 있다면, 이 설비를 5명의 엔지니어가 2대씩 나누어서 맡는다. 이 중에서 최고의 성능을 만드는 엔지니어의 설비 사양과 유지보수 방법을 라인에 전체 확산하고, 그가 평가에 유리한 고지에 오른다. 진동은 물론, 습도를 포함한 라인의 기본기와 설비 동일성 확보를 위한 노력의 정수가 설비 2대로 나온다. 반도체 공정은 제품마다 20% 변하기 때문에, 그것에 맞추어서 최적의 설비 조건을 만든다. 그렇게 양산화를 위한 기초부터 닦으며, 엔지니어의 숙련과 노하우를 존중하는 방식이면서, 설비 유지보수와 설비 기능 향상 기획력을 내재화하는 방향이다.

인텔의 경우 설비를 모른다고 해도 과언이 아니다. 인텔은 엔지니어와 테크니션의 구분이 명확하다. 엔지니어는 제품과 공정 엔지니어가 대상이고 설비 기술의 경우는 유지보수를 중심으로 하는 테크니션이 대부분이다. 테크니션은 성능 향상 업무에 참여하지 않고, 유지보수와 고장수리를 대부분 외주화를 주는 경향이 있다.

그렇지만 TSMC와 인텔의 공통점도 있다. 설비 기술 내재화와 외주화의 극단에 서 있지만, 그들은 설비 기능의 항상성 유지와 표준 관리를 위해서 각 설비사 표준 모델과 표준 조건BKM을 통해서만 공정을 진행하고 설비사에서 제공하는 공정 한계 안에서 제품을 만들고자 한다. 이는 우리나라가 그간 나름의 유지보수 방식과 상당한 차별성을 확보할 수밖에 없다. 모든 제품이 그렇듯, 제품 구매 후 일정 기간의 애프터 서비스 기간이 있다. 품질 보증 기간으로써, 계약에 따라 다르지만 2년 전후다. 이 기간에 계약 위반 조건이 아니라면 설비 회사에서는 무상으로 유지보수와 부품 교환을 진행한다. 품질 보증 기간 2년이 끝난 뒤에 유지보수와 개조 개선의 문제를 인텔은 설비사와 전문 유지보수 회사에 일임했으나, TSMC는 대만 내에 개조 개선을 전문으로 하는 업체를 두고 설비 품질관리를 해왔다. 이는 대만의 업계가 가진 수평적 모델이자 명확한 분업화의 결과물이라고 할 수 있다. 그렇지만 라인 건설부터 설비 엔지니어의 '기본기'를 강조하고 존중하며 라인의 진동, 습도, 온도에 대한 명확한 기술적 역량을 갖췄다.

TSMC에서도 95% 이상의 웨이퍼 물류에 대한 자동화를 이뤘다는 평은 있으나, 유지보수에 대한 전면 외주화 등에 대한 전략은 추진하지 않는다. 이는, 외주화, 자동화의 장단점 문제가 아니라 얼마나 명확한 판단기준과 숙련도를 쌓은 상태에서 증명 가능한 방식으로의 업무 관리가 되는가의 문제다. 대신에 삼성은 설비 엔지니어들이 실력 없다는 말들만 반복하고 있으며, 설비 엔지니어의 넋두리와 솔직한 답변에서 알 수 있듯이, 그 중요성을 인정하고 있지 않다.

후발주자로서 한국 반도체 업계는 연구개발과 제조에 대한 명확한 구분으로 업무를 운영했다. 그렇지만 연구소에서 개발하더라도, 수율을 높이기 위한 업무는 닥쳐있는 현실이었고, 어떤 이유에서건 발생하는 불량과 파티클은 꼭 설비 엔지니어들에게는 내 몸에 화살이 꽂히는 것 같은 아픔과 과제로서 다가왔다. 무조건 글로벌 회사 설비를 수급하기 바빴던 한국 기업들에게 수율을 올리기 위해 몸을 바쳐왔던 이들은 임원으로 승격하지 못했고, 사고가 터질 때마다 기술력이 없다는 핀잔을 들어야 했다.

이는 근본적인 역설을 포함한다. 제품 엔지니어와 공정 엔지니어는 반도체 제품의 특성과 특성을 위한 물질의 반응에 관여한다. 불량과 파티클은 원하지 않는 화학결합이 생기거나, 반응기인 설비 동작에 대한 오류로 발생하는 문제였다. 수율의 개선을 위해 제품 사양을 바꿀 수도 없으며, 공정 레시피를 조금 튜닝할 수는 있지만, 근본적으로 튜닝의 이유도 설비마다의 조금씩 차이가 있기 때문이다. 제품 사양과 공정 조건은 숫자와 지표에 불과하다. 수십만 매 혹은 수만 매가 지나가는 반도체 웨이퍼에서 불량이 발생하는 원인은 대부분 소재와 설비의 변경에 따를 수밖에 없다. 그 화살 시위는 결국 물질과 반응기에 머무르게 된다.

설비 엔지니어는 오랫동안 Technician으로 불렸지만 1998년 설비 기술력 향상을 위해 대졸 엔지니어 채용을 하게 됐고, 설비 기술력이 부족하다는 이야기가 나올 때마다 그들의 약점을 파고들며 공격하기 바빴다. 2008년 설비 내재화의 이슈는 TSMC와 하이닉스, 삼성 모두 같은 장비를 써야 하는 특수성에 기인한다. 설비 기술에 대한 인정이 부족했다가 갑작스럽게 그 모든 이유를 근본적인 설비 기술력으로 환원했다. 원인은 공정 조건의 유출이었는데, 공정 유출을 막는 것은 작은 해결책이었고 갑작스럽게 생각지도 않았던 설비 기술력을 원인으로 제시한 것이다.

동시에 설비 기술 숙련 인정이 표준화, 매뉴얼화 되면 외주화 자동화를 이끄는 방식으로 자리했다. 이 지점이 TSMC의 설비 유지보수 방식과 다른 점이며, 한국 반도체에서도 공정과 설비 기술을 양산 기술로 함께 바라봤던 하이닉스가 현재 한국의 다른 회사들보다 후발주자의 위치에서 선두 경쟁을 할 수 있게 된 원인이라고 볼 수 있다. 제품이 20nm 이하가 되면서 공정과 설비는 구분이 사라지게 되었고, 같이 문제를 해결할 수밖에 없다.

삼성은 두 가지 지점에서 구분된다. 먼저 설비 품질관리 방식이다. 삼성은 그간 설비 기능의 항상성 유지와 표준 관리보다는 개별 엔지니어의 아이디어를 독창적으로 활용하고 자율성을 부여해 왔다. 설비 대표모델을 들여오더라도, 내부에서 개조 개선 작업을 운영하면서 같은 모델이어도 호기별로 차이가 발생할 수밖에 없었다. 엔지니어의 숙련된 능력을 전폭적으로 인정하지는 않더라도, 그들의 기술력 기반 아래서 별도의 투자 없이 내부적인 개선 작업을 통해 설비 성능을 향상해 왔다. 그러나 시스템에서 '데이터상' 동일하다고 판단되더라도, 각 생산 현장의 라인 내부적인 기능 향상을 알아서 진행하고, 서로 간의 성능 향상과 생산성 향상 경쟁을 하다 보니, 현재 미세화된 공정에서 동일 모델이지만 다른 설비 기능을 가질 수밖에 없었다. 제품의 다변화로 라인 간에 설비 이동설치가 진행되어서 개별 라인에서 진행했던 개선 이력을 알지 못하면 동일 성능을 확보하기 어렵게 되었다. 그리고 동일 모델을 구매하더라도 조금씩의 성능과 사양 변화를 요구하다 보니, 구매 시기마다 설비의 세밀한 사항이 달라지기도 했다. 설비 구매 시기에 비용 절감은 가능하더라도, 이후 유지보수에서 데이터가 아닌 설비 사양 표준화는 어렵게 되었다.

그리고 동시에 설비 유지보수와 개조 개선의 역할을 내재화했다가 외주화하는 과도기를 맞았다. 인텔은 설비 유지보수를 모두 외주화했고, TSMC는 2대의 설비를 핵심적으로 관리하는 기능을 내재화하는 것과 달리, 삼성은 한 명의 설비 엔지니어가 수십 대의 설비를 관리하고 있다. 이는 결국 설비관리를 하지 않고, 설비관리하는 업체의 일을 원활히 하거나 관리하거나, 행정절차를 중심으로 일하고 있음을 반증한다. 앞서 현재 공정 미세화가 극단에 와있을 때, 결국 자동화가 어려운 설비 유지보수에 대한 노하우가 없다면 FAB 성능 기반을 닦는데 취약해진다.

이와 관련된 사례로, ASML EUV 장비의 노광공정용 포토마스크의 펠리클과 TEL의 확산공정용 소자 막질에 대한 품질 문제를 들어 보겠다. 설비의 층고가 높다면 진동에 취약하다. ASML EUV 장비는 미세 공정에 필수적인 장비인데, 공정 조건을 확보하기 위해서는 설비의 층고가 기존의 FAB 층고보다 높기 때문에 EUV가 있는 장소만 층고 설계를 수정해야 했다. 그러면 설비 맨 위에 있는 설계도인 포토마스크와 설비 맨 아래 있는 웨이퍼 사이의 높이 차이가 크다. 조금의 진동에도 공정 품질을 보증할 수 없다. 그리고 포토마스크가 곧 설계도이기 때문에 이곳에 불량이 발생하게 되면 대부분 공정 진행이 어려워진다. 그래서 불량 물질(파티클)을 쉽게 제거하기 위해서 포토마스크를 얇은 막인 펠리클로 감싸서 파티클이 생겼을 때, 펠리클을 세정한다. 만약에 펠리클이 없을 때는 포토마스크에 직접적인 불순물이 생기기 때문에 쉽게 처리하기 어렵고 더 큰 비용이 발생한다. 실제로 TSMC는 펠리클을 활용해서 EUV 공정을 진행하지만, 삼성은 펠리클 활용을 진행하지 않고 있다. 펠리클을 쓰지 못하는 원인을 모두 진동으로 돌릴 수는 없지만, 진동은 중요한 이슈다. 반도체 공정에서 가장 순도가 높아야 하는 부분이 곧 트랜지스터 같은 소자이다. 이 소자를 만드는 확산 공정 또한 층고가 높은 설비를 활용하는데, 이에 따라 파티클과 물질 순환의 차등적인 상황이 발생해서 항상성 관리가 어려워진다. 빵을 굽는데 맨 위층이 조금이라도 흔들려서 부스러기가 떨어지면 빵의 탄 부분이 생기는 것과 비슷한 현상이다. 이처럼 제품의 수율과 연구개발에 있어서 미세한 설비관리와 기술력 확보는 필수적이다.

한 줄 핵심 요약

TSMC는 수율과 품질의 핵심인 설비를 강조하면서, 설비회사와 기술 개발을 꾸준히 협력해 왔다.

모두의 친구 TSMC

연구개발 측면에서도 설계부터 생산까지 모든 것을 최고 수준으로 올리겠다는 인텔식의 종합반도체 전략이 균열하기 시작했다. PC에서 모바일 시장으로 변화를 알았으나, 모든 것을 석권하고 싶어 했던 인텔은 애플에서 요구했던 저전력 반도체 설계와 생산에 대한 협업 요청을 무시했다. 파트너를 찾고 있던 애플은 설계 능력이 높지 않았던 시기였고, 삼성의 문을 두드렸다. 모바일 시대에 손에 잡히는 가볍고 용량이 높은 메모리 반도체를 만들 수 있었던 삼성은 시스템 반도체 중에서 부가가치가 높은 제품의 설계와 생산을 시작하고 있었다. 2008년 아이폰 시리즈부터 "최고의 기술을 활용해서 시스템 반도체의 AP를 만들어달라"는 애플의 요구에 삼성의 시스템 반도체 인력들은 모두 달라붙었다. 파운드리의 개념이 미약했던 시기, 원하는 칩의 설계부터 후공정 패키지까지 성공적이었다. 삼성전자는 기업 내 설계와 생산까지 수직 계열화를 이룰 수 있는 거의 유일한 회사에 가까웠다.

이러한 수직 계열화는 외부 개방보다 내부 조정에 적합하다.[*] 모든 것을 1등 할 수 있다면 최고의 포트폴리오다. 삼성이 신수종 산업에서 태양광을 넣었던 이유도 전자 재료업에 연결되는 실리콘 기반의 원재료 가공이 태양광, LED, 반도체에 모두 활용되는 재료였기 때문이다. 계열사 간 적절한 통제와 관리 전략이 가능했다. 특히 삼성은 2008년 조직개편을 통해서 반도체 산업DS: Device Solution과 정보통신산업DMC: Digital Media Communication으로 구분한다. 통상 부품과 세트 산업이라고도 부르는데, 지구상의 어떠한 기업도 부품과 세트를 모두 포함할 수 없다. 전자산업의 모든 업종이 망라된 삼성에서 미래전략실은 계열사 간 조정 역할을 하는데, 이는 기술이 첨예하게 달라질수록 문제점을 야기시킬 수밖에 없다.

소위 추격자 전략일 때, 기존에 있는 답을 빠르게 달성해 나가는 정해진 방향에 함께 몰두하는 것이 더 효과적이다. 그러나 반도체 업계 1등으로서 퍼스트 무버가 되어야 하는데, 외려 협력 없는 경쟁체제에 발목이 잡힌다. 핸드폰과 가전은 애플과 LG에 밀리고, 반도체 설계 분야는 퀄컴에 밀리고, 생산 분야는 TSMC에 밀린다. 2000년대 중반

● Hyeong-ki Kwon 2024, 『Openness and Coordination, National Economies of the U.S., Japan, and Germany in a Globalized World』, Palgrave Macmillan

삼성과 애플은 스마트폰 시장에서 서로 소송전에 들어가 있었다. 아이폰의 모양을 갤럭시가 그대로 베꼈다는 것부터, 아이폰의 설계기술이 갤럭시로 들어갔다고 의심까지 받는 등의 압박도 있었다.

퀄컴은 애플과 저전력 스마트기기용 반도체 설계에 경쟁 관계를 가졌다. 애플이 iOS라는 별도의 소프트웨어를 가지고 시스템 반도체 최적화를 했고, 아이폰을 만들어 냈다면, 퀄컴은 구글 안드로이드를 가지고 시스템 반도체 설계를 했으며, 삼성 폰에 내장되었다. 이처럼 분명히 분업화가 되었음에도, 삼성은 시스템 반도체 엑시노스Exynos 와 퀄컴의 스냅드래곤Snapdragon은 경쟁체제에 가까웠다. 특히 삼성은 여전히 종합반도체회사로서의 욕망을 버리지 못했다. 상대적으로 짧은 설계 경력에도 불구하고, 독자적인 칩을 구상하겠다면서, 저전력 반도체의 기본 IPInterllectual Property를 제공하는 ARM의 기술을 최소화하고 독자적인 핵심 기술을 만들겠다고도 했으며, 스냅드래곤과 같은 파충류 동물을 잡아먹는 동물 몽구스Mongoose의 이름을 따서 미국 오스틴에서 비밀리에 연구개발에 나섰다. 결국 갤럭시 A 시리즈에 잠깐 탑재되었으나, 전력과 발열에서 성능 차이를 드러내며 포기하기에 이른다.

반도체 생산에 있어서 TSMC와 애플용 시스템 반도체를 만들면서 몇 년간 역전의 발판을 마련하는 듯했으나, 결국 설계상에서 전력 성능에 문제가 되는 약점을 드러냈다. 생산 공정상에서도 삼성은 중요하게 여기지 않았던 후공정에서 도전적으로 기술 개발을 했던 TSMC 에게 결정적인 성능과 원가경쟁력의 차이로 2014년 이후에는 모든 수주를 빼앗기에 되었다.

수직 계열화의 결정적인 순간은 갤럭시 S22의 GOS 사태다.[•] 통상 스마트폰 성능 비교는 고성능 게임을 실행하면서 발열이나 성능 저하가 일어나는지를 평가하게 되는데, 성능 저하를 감추려고, 게임과 동시에 실행하는 프로그램의 성능을 인위적으로 조정하는 GOSGame Opimization System로 눈 가리고 아웅식의 꼼수를 동원하다가, 사용자들에게 들키게 됐다. 이는 성능을 내려면 발열이 발생하는 설계기술, 발열을 최적화하지 못하는 생산기술, 기기 자체 설계기술 등을 축적하지 못했던 사건이었다. 더 이상 퀄컴은 자신의 칩이 들어간다고 해서 삼성 파운드리를 활용해 생산하지 않았으며, 설계회사는 삼성 파운드리를 찾지 않으려 했으며, 삼성의 핸드폰에서조차 삼성 반도체의 설계 및 생산 칩을 쓰지 않겠다고 밝히기도 했다.

반도체 수직 계열화의 결정타는 반도체 설비 자회사의 설립이다. 1990년대 초 일본의 장비회사와 합작회사 한국DNS를 설립한 후에, 2005년에는 세메스로 사명을 변경했고, 이후 세크론, 스테코가 반도체 생산 공정의 전 영역에서 설비 국산화를 추진했다. 역시 추격자로서 한국 반도체 생태계를 강화한다는 장점도 확보할 수 있지만, 기존의 설비 회사들과 기술격차가 있는 상태에서 특허 침해 소송을 당하기도 했으며, 국내 반도체 설비 회사 한미반도체와 특허 소송전이 붉어지기도 했다. 최종 고객의 손에 쥐어지는 핸드폰뿐만 아니라, 반도

• 서영민 저, 『삼성전자시그널』, 한빛비즈, 2025

체 전 영역에 있어서 삼성이 장악하려던 시도는 국내 골목상권을 잠식하는 경쟁 구도와 달랐다. 삼성과 경쟁 관계가 된 모든 회사는 국내가 아닌 국외 회사로서, 삼성의 전략은 삐걱거리기 시작했다.

종합반도체회사로서 인텔을 넘어서려고 했던 삼성은 인텔을 앞서게 됐고, 칩 설계회사를 기준으로 한 매출이 여전히 1위를 지키고 있지만, 모두가 다 알고 있다. 칩 설계회사라는 타이틀만 없을 뿐, 실제 많은 이익은 이제는 너무 격차가 나버린 회사, 모두의 친구가 되고, 고객과 경쟁하지 않고 협력하겠다는 회사 TSMC와 그들의 연합군으로 쏠리게 된다. TSMC는 삼성이 국산화 장비를 내놓아서 계속적으로 추격을 도모하려고 했을 때도, ASML과 협력을 했다. EUV 장비가 나오기 전에, 불화아르곤ArF장비가 공정의 한계를 보일 때, TSMC는 ASML과 함께 액침immersion 기술을 개발하면서, ArF 장비의 생명을 상당히 늘릴 수 있게 됐다.[•] 또한, 칩 설계사와 협력하고 신뢰감을 주기 위해서, FAB 공간이나 내부 IT 시스템을 세부적으로 보안 등급을 선정해서, 설계사끼리의 기술이 유출되지 않도록 상당히 애를 쓰고 있다. 장기간 쌓아온 신뢰, 그리고 기술 노하우의 형식지화는 TSMC를 쓰지 않고는 비즈니스를 할 수 없게 만들게까지 이르렀다. 한 번도 경쟁자가 되겠다고, 싸우겠다고 한 적이 없었지만 어떤 회사도 TSMC를 존중하지 않을 수 없게 됐다.

● 린훙원 저, 『TSMC, 세계 1위의 비밀』, 허유영 역, 생각의 힘, 2024

한 줄 핵심 요약

삼성은 전방산업과 후방산업을 장악하려 했고, 반
면 TSMC는 글로벌 협력을 구축하려고 했다.

TSMC가 기술적으로
삼성을 넘어선 결정적 이유

2013년 패키지 학회에서 TSMC의 발표는 상당히 놀라웠다. 삼성은 몇 번의 부침이 있었지만, 시스템 반도체에서 가장 고가로 팔리는 아이폰의 두뇌인 APApplication Processor 모바일폰 중앙처리장치을 만들고 있었다. 그런데 TSMC가 AP용으로 도전적인 패키지 기술을 개발했다고 발표했다. 삼성은 TSMC처럼 파운드리 사업을 전념으로 하지 않았지만, SD-Card를 비롯한 모바일용 메모리 반도체의 성공과 더불어 업계에서 생산 능력을 인정받았기 때문에 스티브 잡스는 "돈 생각하지 말고, 최고의 기술을 통해서 AP를 만들어 달라"고 요청했고, 삼성은 시스템 반도체 사업부의 모든 자원을 집중하게 됐다. 아이폰4에서부터 아이폰6까지 삼성은 TSMC와 경쟁체제에 들어섰다. 삼성의 선단 공정은 우수했는데, 14nm 공정도 먼저 선보였다, TSMC는 16nm에 불과했다. 그렇지만, TSMC에서 특히 패키지 쪽으로 큰 승부를 걸었다. 바로 후공정인 패키지 공정을 도전적으로 개발했기 때문이었다.

삼성은 그간 패키지 공정을 중요시하지 않았다. 반도체는 그동안 설계와 공정 엔지니어들이 빛나는 위치에 있었다. 공정상에서는 웨이퍼 기반 공정인 전공정만 강조하고, 후공정은 간과했던 경향이 있었다. 전공정이 제품 성능에 영향이 크고, 후공정은 반도체 다이die와 제품 기판의 연결 배선 정도로 생각했기 때문이었다. 현 HBM 사태 또한 전공정보다 후공정을 상당히 무시했던 방식이 답습된 상황이다. HBM은 데이터를 한꺼번에 많이 저장해야 하는 AI용 메모리 반도체로, 한꺼번에 저장하기 위해서는 신호처리 수를 높여야 한다. 전공정의 기술 개발뿐만 아니라, 후공정에서 다이와 다이사이를 붙일 수 있도록 배선을 개발해야 하는데, 그것이 패키지 공정이다.

인공지능 시장의 폭발적 성장을 예상하지 않았으며, 기존 DRAM 단품으로써 메모리 완성품 공급의 헤게모니를 유지하려는 삼성은 HBM 개발팀을 해체했고, 상당수 인력들이 SK하이닉스, 마이크론으로 이직했고, 해당 회사들은 2등 업체로써 삼성이 하지 않는 설계회사와 협력적 개발에 도전하게 되었다. 반도체 후공정 또한 전자공학과, 화학공학과, 기계공학과의 모든 학문 분야가 모여있는 학제 간 연구이기 때문에 결국 산업 내 노하우에 절대적으로 기댈 수밖에 없다. 패키지를 연구하는 학계도 아직 명확하지 않다. 결국에 반도체 전공정은 후공정에서의 배선과 탄소 물질로 방습과 발열을 도와주는 패키지가 없으면 성능을 만들어 낼 수 없다. 게다가 반도체 전공정의 미세화를 비롯한 성능 개선의 효과가 줄어들게 되면서 후공정은 더이상 전공정을 도와주는 역할이 아니라, 전공정의 한계를 해결해 주는 제품개발의 핵심 키로 작동하기 시작했다.

TSMC가 내건 기술이 FO-WLPFanout- Wafer Level Package였다. 기존에 FI-WLPFanin- Wafer Level Package 기술은 납땜 한번 하면 되는 정도의 단순한 소자의 패키지에 활용되긴 했으나, 복잡한 배선에는 활용되지 않았다. 그렇지만 TSMC는 시스템 반도체라는 복합제품의 수주를 맡아서 하다 보니, 이 후공정 배선 기술이 전공정 단품에서 다기능이 가능한 복합화된 멀티칩이 가능함을 알게 되었다.

구분	Wirebonding	BGA	Fan out (RDL, 2.1D)	Fan out (CoWoS,2.5D)	Hybrid Bonding
이미지					
배선형태	Wirebonding Leadframe	Solder Ball Bump	WLP/PLP	Si interposer	Cu
물질	Air/Organic	PCB EMC	EMC SiO2	SiO2	SiO2
선폭	25μm	25~10μm	10~1μm	1μm 이하	500nm 이하
장비구분	후공정	후공정	후공정 전공정	후공정 전공정	전공정

반도체 패키지 공정의 변화

전공정 웨이퍼는 물론, 패키지 또한 물질이다. 그리고 메모리 대비, 시스템 반도체가 훨씬 더 빠른 속도와 더 많은 정보처리를 해야 해서 메모리를 중심으로 성장했던 한국 반도체 산업에서는 상대적으로 제품 개발과 전공정보다 중요도가 떨어지는 경향이 있었다.

반도체 패키징 기술은 빠르게 발전해왔으며, 이제는 단순한 보호 역할을 넘어 제품 성능에 직접적인 영향을 미치는 중요한 요소로 자리 잡았다. 초기의 패키지 기술은 I/OIn and Out 개수가 100개 미만인 소형 칩에서 주로 사용되었으며, 기존의 Lead Frame 방식과 납땜으로도 충분한 성능을 제공할 수 있었다. 이 방식은 집게발처럼 생긴 금속 단자와 납땜을 통해 칩을 기판에 연결하는 형태였다.

그러나 반도체 성능이 급격히 향상되면서 I/O 개수는 수백 개에서 수천 개로 늘어나기 시작했다. 이제는 500개에서 1,000개 이상의 I/O를 처리할 수 있는 더 복잡한 배선이 필요해졌고, 이에 따라 패키징 기술도 크게 진화했다. 특히, BGABall Grid Array라는 새로운 방식이 등장했는데, 이는 주석, 은 등으로 만든 작은 납땜볼Solder Ball을 사용하여 PCB 기판에 배선을 구성하는 방식이다. 이 기술은 기존의 Wire Bonding 방식을 대체하며, 보다 높은 I/O 개수를 효과적으로 처리할 수 있게 했다.

그러나 기존의 PCB 기판은 두께가 두껍고, 배선의 폭이 10μm 수준으로 제한되어 있어 고밀도 패키지에는 한계가 있었다. 이를 극복하기 위해 TSMC는 전공정 장비를 활용하는 새로운 접근법을 시도했다. 전공정 장비는 메탈 공정을 통해 1μm 수준의 선폭을 훨씬 정밀하게 구현할 수 있기 때문이다. 이와 같은 접근은 비용을 줄이고 성능을 향상시키는 데 유리하며, 반도체 제조 기술의 새로운 가능성을 열었다.

결국, 기존의 후공정 장비를 넘어 전공정 기술을 패키징에도 활용하는 도전적인 시도가 반도체 패키지 기술의 중요한 전환점이 되었다.

그간 PCB 회로기판을 제작하고 금속 Ball을 활용할 때 소재도 다양하게 활용해야 한다. 전기를 통하는 구역이 티타늄, 니켈, 주석, 납으로 전자들이 이동하면서 신호를 처리하며, 전기를 통하지 않는 구역은 아크릴 소재에 가까운 PCB 물질과 에폭시 수지의 탄소 성분이다. 그런데 반도체 전공정을 활용하게 되면, 물론 끝에 Bump 등의 부분은 여전히 주석과 납을 쓸 수 있지만, 전기를 통하는 영역이 구리를 활용할 수 있게 되며, 절연막도 전공정에서 활용하는 실리콘 옥사이드 $SiO2$이다. 구리가 전기전도성이 우수하고, 실리콘 옥사이드가 발열에도 유리하다. 이는 배선의 성능에서 월등한 결과물을 만들어 낼 수 있다. 현재 TSMC가 삼성보다 전력과 수율 면에서 앞선다고 했을 때, 수율은 복잡한 제조 기술의 측면이라면, 전력은 전공정의 노광, 증착, 식각 장비를 활용한 배선 설계의 영역이다. 이러한 기술을 재배선 RDL, ReDistribution Layer이라고 불렀다.

이 기술이 아이폰7 시리즈부터 삼성이 아닌 TSMC로 선택하게 된 결정적인 계기가 되었다. 아이폰 수주를 빼앗긴 삼성이 그때부터 TSMC와 시스템 반도체 격차를 좁힐 수 없게 됐다. 삼성도 가만히 있을 수 없었다. 반도체 장비가 있던 TSMC는 Wafer 기반의 전공정 장비에서 패키지를 진행한다고 해서 WLPWafer Level Package 웨이퍼 위에 칩을 놓고 패키지 하는 방식라고 명명했다.

삼성은 디스플레이 장비가 있고, WLP의 특허를 피하기 위해 PLPPanel Level Package 디스플레이 패널 위에 칩을 놓고 패키지 하는 방식를 급히 연구 개발하기 시작했다. 삼성전자의 패키지 개발 전문가들과 삼성전기의 기판사업부의 기술 전문가들, 그리고 삼성 디스플레이 전공정 유휴 장비를 운영할 수 있는 공정, 설비 엔지니어들을 부랴부랴 확보했다. 부산과 천안을 오고 가는 길, 주말도 반납하고 눈빛에 서릿발이 내릴 정도로 강도 높은 노동시간을 보냈던 그들은 곧장 1년 뒤에 갤럭시 와치에 PLP 방식을 활용한 시스템 반도체 패키지에 성공하게 된다.

PLP와 WLP 방식은 기존의 패키지 방식의 배선 한계를 10μm를 1μm 주변까지 낮출 수 있게 됐다. 그리고 미세화가 가능한 전공정 방비를 활용하기 때문에 I/O 개수를 비약적으로 증가시킬 수 있게 됐다. 얇아진 두께도 상당히 중요한 결과였다. 1μm 이하의 배선까지 등장하게 되자, 현재는 WLP 방식이긴 하지만, Si inteposer라고 불리는 고가의 실리콘 기판을 활용해서 배선을 만드는 방식이 진행되고 있다. TSMC는 WLP를 주로 활용하고 있고, 삼성은 PLP와 WLP를 모두 쓴다.

반도체 전공정의 최선단 노드뿐만 아니라, TSMC는 반도체 후공정 패키지를 부가가치 창출의 우선순위로 두고 있다. 소위 CoWoSChip on Wafer on Substrate 반도체 칩 그리고 Si inteposer, 기판 Substrate를 전체 패키지하는 기술를 통해 복합화해 가는 반도체 제품에서 기술력 우위에 나서고 있다. 삼성은 뒤늦게 인력을 보강하면서 메모리, 시스템 반도체를 모두 만들 수 있다는 전략을 앞세우고 있지만, 기술 노하우와 신뢰 관계가 쌓여있지 못해서, 협력하고 서비스할 줄 아는 기본적인 태도 부족에 직면해 있다.

이제는 반도체 패키지는 전공정 장비만을 활용해서 구리 Cu와 실리콘 옥사이드 SiO의 절연막으로 나노미터급의 패키지를 구성하는 Hybrid bonding을 궁극적으로 바라고 있다. 삼성이 그간 패키지 공정을 간과하면서 시스템 반도체의 복잡한 배선에 대한 기술력을 따라가지 못했던 것 그리고 HBM에 불어닥친 메모리 반도체 위기 마저 기술력으로 따라잡기 위해 집중하고 있는 기술이다. 그렇지만 기술은 당연히 개발되지 않으며, 예전과는 비교할 수 없을 정도로 중요도와 난이도가 올라간 패키지 공정에 인력과 자본을 투여하지 않고, 그들에게 과제만 부여하게 된다면 결코 성공할 수 없을 것이다.

간과했던 기술을 꾸준히 개발할 수 있었던 그 존중의 역사는 하루 아침에 만들어지지 않았다. 기술을 모르는 이들이 여전히 회사 내 평가체계를 구성하고 있고, 기술 전 분야에 대한 통합형 최적화할 수 있는 기술 리더를 양성하지 않고, 설계와 제품 성능만을 알고 있는 이들에게 전권을 맡길 경우, 물질적 기반의 연구개발과 생산에서 선두 탈환은 물론 추격도 요원하다.

삼성이 시스템 반도체마저 추격당했던 시기에 균열이 발생했다. 간과했던 패키지 공정을 중요시한 TSMC와 무시한 삼성이 애플 칩 생산에서 갈림길에 섰다.

삼성의 양식과 TSMC의 양식

대만과 한국의 반도체 산업으로 확대해서 생각해 볼 필요가 있다. 현재는 대만의 협업 체계가 상대적 우위를 확보하고 있다. 반도체 설계 – 전공정 생산 – 후공정 생산(패키지)의 3단계 구분에서, 대만은 설계는 미디어텍 – TSMC – ASE의 자국 내 협력체계를 구성하고 있다. 미디어텍은 애플 정도의 하이엔드Highend 제품을 만들지는 않지만 시스템 반도체 내에서 매출 규모로 봤을 때는 Top3 안에 언제나 들어가는 설계 전문회사이다. TSMC와 함께 회로설계와 반도체 생산의 뚜렷한 협업 체계를 가질 수 있다. 그렇지만 TSMC와 ASE는 뚜렷한 협업 체계가 어려운 편이다. 전공정 장비로 반도체 패키지 공정을 진행하는 방식이 활용되면서부터 소위 ASE와 같은 OSATOut Sourcing Assmbly Test 조립과 테스트를 주로하는 외주기업기업들의 설 자리가 줄어들고 있다. 게다가 TSMC는 전공정의 지배적인 위치를 활용해서 반도체 전 공정 – 실리콘 인터포저 – 패키지를 한 번에 해결하는 CoWoSChip on Wafer on Substrate 최신 패키지 기술로써, 반도체 다이와 패키지 배선을 복잡하게 이은 TSMC 의 기술명를 강권하듯이 제안하고 있다. 물론 회로설계 회사에서는 믿을 수 있는 업계의 절대 강자에게 반도체 생산을 맡기는 것이 좋기는 하나, 값비싼 가격을 지급해야 하는 단점이 있다. 기존의 대만에서 말하는 협력체계는 반도체 기술 변화에 따라서 다른 형태를 띨 수 있다고 볼 수 있다. 웨이퍼 공정과 패키지 공정 사이에 구분이 흐릿해지면서 서로 영역을 침범하게 된다.

말하자면 대만이 반도체 소재, 부품, 장비 쪽은 글로벌 공급 체계를 최대한 활용하는 측면이지만 반도체 제품 체계에서 국내 협력은 언제까지 기능할 수는 없다는 것이다. 삼성은 TSMC와 같은 협력 구조는 없었다. 메모리 산업 위주였기 때문에 설계 – 전공정 – 후공정이 모두 삼성에서 진행되고 있었다. 이는 원활하고 알아서 움직이는 방식으로써 제품 설계에서 완제품까지 나오는 데 소재, 부품, 장비사와 협업은 필수적이나, 웨이퍼에서 Die, 그리고 Chip까지 나오는 길을 한 회사로 정했다는 것이다. TSMC의 협업이 무조건 효과적이라는 단정은 아니다. 각자의 방식에서 부분적 협력은 일어나고 있다. 파운드리 사업부가 없었을 때도 삼성은 아이폰은 성공적으로 만들어졌다. Top-down 의사결정이 원활히 돌아간다면 효율성을 확보할 수 있다. 패키지 기술이 고도화되었을 때 협업을 통해 문제 해결하는 것이 먼저가 아니라, 협업 가능할 수준으로 암묵지를 형식화하고, 그것을 협업의 미세한 체계로써 구축하는 것이 먼저다. 삼성이 내부적으로 기술적 위계를 재점검하고, 제조 기술, 설비 기술, 패키지 기술 등에 대한 기술적 존중이 있어서 근본적인 경쟁력 강화 전략을 취했다면 가능했을 일이다. 30nm 제품 이후, 삼성의 반도체 연구소에서도 이제는 연구개발의 시기보다 원가절감의 시기라고 했었다. 그렇다면, 원가절감은 수율 증진과 생산 단가 개선에 있다. 수율 증진이 제조 기술과 설비 기술에 달려있고, 생산 단가 개선은 후공정과 결정적인 연관이 있는데, 꼭 고객이 원하지도 않는 피처폰의 화소 개발에 치중하듯이, 단선적 기술 개발만 중요시하며 복합적 변화를 고려하지 못한 경영전략과 기업과 업계의 기술 엔지니어 소통 단절의 문제가 있다.

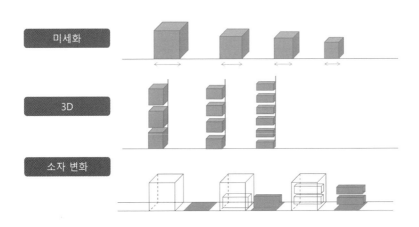

그림 2.1 반도체 제품 개발의 3가지 방향

반도체의 변하지 않는 목표는 '작게' 만드는 일이다. 작게 만들어야 웨이퍼당 다이Die수가 늘어나서 생산성이 좋아지고, 작을수록 만들기는 어렵지만 만들게 되면 쉽게 트랜지스터를 켤 수 있기 때문에 성능이 개선된다. 작게 만드는 일은 반도체 산업에서 필수적인 개발 방향이다.

반도체의 선폭Design Rule은 오랜 시간 동안 기하급수적으로 감소해 왔지만, 점점 더 작은 공정을 구현하는 것은 매우 어려운 과제가 되었다. 이는 흔히 무어의 법칙으로 설명되는데, 이 법칙에 따르면 반도체의 성능은 약 2년마다 두 배로 증가하고, 트랜지스터의 크기는 약 30%씩 줄어들어 칩의 면적이 기존의 약 70% 수준이 된다. 면적으로 계산하면, 약 0.49배로 줄어드는 셈이다.

그러나 2010년 이후로는 이러한 속도가 크게 둔화되었다. 예를 들어, 50nm 선폭의 반도체를 13% 줄인다면 약 6.5nm가 감소하지만, 이미 선폭이 20nm까지 줄어든 상태에서는 같은 비율로 줄이더라도 고작 2.6nm 정도밖에 줄어들지 않는다. 이는 물리적 한계와 제조 공정의 복잡성이 결합된 결과다.

선폭의 감소는 단순한 공식이나 법칙으로 해결할 수 있는 문제가 아니다. 뛰어난 소재와 장비만으로는 불가능하며, 오랜 시간 축적된 노하우가 반드시 필요하다. 특히 삼성과 TSMC 같은 글로벌 선두 기업들이 막대한 자본과 기술적 경험을 바탕으로만 이러한 성과를 달성할 수 있다. 단순히 후발주자가 거대한 자금을 투입한다고 해서 단기간에 따라잡을 수 있는 분야가 아닌 것이다.

현재 반도체 제품은 10nm 대에서 본격적으로 생산되고 있다. 이는 트랜지스터, 즉 전기 신호를 제어하는 스위치의 크기가 10nm 수준까지 줄어들었음을 의미한다. 그러나 이 시점부터 미세화의 난이도가 급격히 높아지기 시작했다.

특히, 10nm 대의 반도체는 더 세분화된 단계로 나뉘며, 이를 1X, 1Y, 1Z 그리고 1A, 1B, 1C로 구분한다. 예를 들어, 1X는 약 18nm, 1Z는 약 12nm, 그리고 2025년에 등장하는 1C는 약 11nm 수준이다. 이처럼 10nm 대는 1D까지 개발된 후, 드디어 한 자릿수 선폭 영역으로 진입하게 된다.

만약 이후의 트랜지스터 크기를 D0A (9nm), 0B (8nm), 0C (7nm)로 예상한다면, 7nm까지의 선폭 감소가 가능해진다. 하지만 이 단계에서의 미세화는 극도로 어려운 과제다. 7nm 선폭에서 ±3%의 공정 마진을 적용하면 약 0.21nm의 오차 범위가 생기는데, 이는 실리콘 원자 하나의 직경과 비슷한 수준이다.

이 정도의 정밀도는 현재의 제조 기술로는 사실상 관리가 불가능한 수준이며, 공정 안정성의 한계를 의미하기도 한다.

실리콘 원자 1개 정도만 과반응이 되었을 때 트랜지스터 성능이 흔들리는 결과가 되고, 양산이 가능하지 못할 가능성이 높다. 현재의 개발 속도로 봤을 때, 2030년이 넘어서는 시기에 학술 연구에서나 등장하는 양자 컴퓨팅이 필요한 시기가 도래할 수도 있다. 그렇지만 그간 반도체는 실리콘 기반으로 수천조 원이 투여되어 있으며, 그 연구개발과 생산 환경의 경로의존성은 여전히 강력한 힘을 발휘한다. 미세화의 영향으로 트랜지스터를 제외한 나머지 배선과 절연막들은 유지되면서, 새로운 소자들이 등장할 가능성은 있다. 그렇지만 극미세 공정을 만들어온 설비 회사에서 새로운 접근이 없다면 공정은 이뤄지지 않는다. 새로운 반도체는 소개되고 있지만 양산성을 확보한 결과를 내기는 어렵다.

새로운 소자인 Finfet Fin-field effect transistor과 이후에 단면적을 더 높이기 위한 GAA Gate All Around FET은 삼성에서 TSMC보다 앞서가기 위해서 도전적으로 적용한 소자 변화이다. 이들은 공정 방식이 까다로워지는 단점이 있기는 했지만, 미세한 소자를 만들기 위해서 소자를 2차원이 아니라 3차원으로 생각해야 하는 기술과, 굴곡이 있는 소자에 균일한 막질을 도포해야 하는 증착 기술들이 상당한 난이도를 가졌지만, 공정과 설비를 활용해서 연구개발과 양산까지 확보할 수 있게 됐다.

그런데 여기서 시스템 반도체의 선두였던 인텔이 처음 Finfet을 적용하면서 제품 성능의 증가를 소자 선폭 미세화로 연결시키는 마케팅 수단을 활용하기 시작했다. 말하자면 원래 제품의 앞 글자를 따서, DXX에서 XX는 소자 선폭을 말한다. D20이면 DRAM 20nm제품을 의미한다. 시스템 반도체도 유사하게 LXX를 썼다가, 소자를 변화시킨 반도체를 만들 때부터, 소자 크기를 줄이지 않았는데도, 숫자를 줄여 부르기 시작했다. 인텔의 입장에서는 '무어의 법칙'을 여전히 지키려고 했다는 의미일 수도, 봉이 김선달처럼 업계에서 우위를 지키려는 욕심을 부렸다고 할 수 있다. 그래서 Finfet을 적용한 L28에서 L20

으로 변화할 때, 소자 크기를 줄이지 않고, 숫자만 줄였다. 이때부터 시스템 반도체의 성능이 좋아질 때마다 숫자를 줄여 부르기 시작했고, 이를 같은 제품사들이 굳이 아니라고 반박할 이유는 없었다. 그래서 줄어들던 숫자는 현재 3nm까지 감소하게 됐다. 삼성과 TSMC가 2nm 개발을 하고, 업계에서 다시금 주도권을 주려는 인텔은 1.8nm, 1.4nm를 만들겠다고 선언했으나, 이는 특별한 기술 개발이나 실제 크기를 말하는 것은 아니며, 결국 실패했다. 3nm 시스템 반도체는 대략 12nm 정도의 크기를 가지고 있으며 동시대의 DRAM과 유사한 선폭을 가지고 있다.

이렇게 반도체 제품의 미세화는 말로도 때론 물질만 받쳐준다고 되는 일은 아니다. 웨이퍼에서 동일 공간에 더 많은 소자를 꽂기 위해서 일단 만들기는 어려워지지만, 미세화를 멈출 수는 없고, 단독에서 아파트로 농촌에서 도시로 이주할 때 수많은 사람들을 같은 면적에 거주하게 만드는 것처럼, 동일 면적에 3D로 수직으로 소자를 쌓아 올리며, 동일한 웨이퍼 면적에 더 많은 소자를 만드는 일로 제품 개발을 진행한다.

이들의 동작과 특성에 대한 제품 설계에 대한 난이도도 증가하겠지만, 결국에 그 설계도를 만들 수 있는 힘, 설계도를 채우고 깎고 사진을 찍는 일의 공정은 새로운 설비와 새로운 소재를 기반으로 물질적으로 마련될 수밖에 없으며 이러한 힘은 사람들이 모여서 특허를 만들고, 특허를 구현하기 위해 산업 내 연구소에서 연구개발을 하고, 이를 전 라인에 펼쳐서 양산성 확보를 줄기차게 모색한다.

이러한 반도체 개발의 협업과 일원화 방식은 모두 필요하다. 이는 한 명의 천재, 한 명의 생태계를 장악하는 회사로서 가능하지 않다는 것을 말한다. 반도체 FAB의 복잡한 소자, 공정, 소재, 설비의 모든 영역이 모두 중요해지고 있다. 설계만 한다고 해서 제품은 만들어지지 않는다. 결국에 TSMC, 삼성, 기타 모든 반도체 회사가 같은 소재, 부품, 장비를 쓰는데도 수율과 품질 차이가 나는 것은, 사내 협력과 회사간 협력이 필수적임을 강조하지 않을 수 없다. 아무리 자동화가 되어도, 더 미세한 반도체 생산 물질의 흐름을 감각하는 기계와 센서와 협력한 인간도 마지막까지 반도체를 지킬 몸과 머리이다.

이러한 반도체 개발의 FAB‒패키지 배선‒소자 개발 등은 Top-down이나 Bottom-up 방식을 모두 동원해서 진행되고 있다. 이제 어떤 기술이 소자에 영향을 미칠지, 수율에 영향을 미칠지를 천재적인 누군가가 나서서 되는 일이 아니며 주먹구구식으로 혹은 숙련된 기술만 가지고 사람을 갈아 넣어서 만들 수 있는 것이 아니다. 반도체 기술은 이제 소자, 공정, 소재, 설비, Infra 모든 영역을 수평적으로 고려해서 최적화해야 할 시기가 됐으며, 이미 서로 기술을 존중했던 TSMC가 연구개발은 물론 양산성까지 확보하고 있다. 인간보다 더 미세한 물질의 흐름을 감각하는 센서와 협동한 인간의 협력에 달려있다. 그렇지만 그 많은 물질과 센서는 인간이 의사결정 해야 한다. 결국 오랫동안 FAB에서 땀흘려온 기술자를 중요시 해야되는 것으로 귀결된다.

결국 제품 연구개발과 생산의 성공을 어떠한 방식으로 할지를 전략적 선택이 필요하다. 무조건의 장악도, 무조건의 협력도 고민해야 하지만, 기술자를 존중해야 하는 것은 변하지 않는다.

배관과 배선을 모르면
반도체 전문가라 할 수 없다

"아니, 사건·사고를 해결해야만 의사냐고! 왜 사람들은 장금이, 화타, 드라마 하얀 거탑에서 최강국만 의사라고 하느냔 말야. 병이 안 걸리게 마시는 물부터 먹는 것부터 조심스럽게 하라던 장금이는 무수리고, 보약같이 몸의 순환을 일으키는 화타는 티가 안 난다고 무시하고, 사고가 온전히 터진 이후에 외과수술처럼 도려내서 겉으로 보여야 의사라고 하냐고. 꼭 일이 터져서 해결하면 공을 세우는 것이고 일이 안 터지면 일을 안 한다고 생각하는 사람들이 있는 게 문제야."

삼성의 숙련된 교육 담당자의 이야기였다. 그는 설비 엔지니어 양성체계를 만들었는데, 하도 표시가 안 나는 일을 한다고, 지금 일하는 것이 맞냐고 볼멘소리하는 부서장들 그리고 표시 안 나고 바쁜 일들에 몸과 마음을 쥐어짜는 설비 엔지니어들의 양성을 담당하고 있었다. 그는 박정희시대 공업 입국의 사명을 띠고 생겨난 각 도내 지역명을 딴 공업계 고등학교 출신이었다. 그와 그의 학교 동료들은 설비유지보수를 중심으로 하는 숙련된 테크니션으로 반도체 업계에 진출했다. 기술을 배워야 오래 먹고산다는 통념에 그대로 자신들을 투영했던 그들은 대졸의 엔지니어들에게 언제나 치이는 삶을 살 수밖에 없었다.

반도체 제품이 100nm 전후였던 20세기 말까지만 하더라도 반도체 공정의 여유가 있었다. 물론 그렇더라도 설비 엔지니어들은 직접 설비를 다루었다. 꼭 대학의 연구소나 작은 기업의 실험실처럼 필요한 수많은 가스나 케미컬을 직접 교체했다. 녹색에 담겨있는 액체 질소, 산소, 아르곤을 몸에 기대어 바닥에서 둥글게 굴리며 이동했다. LPG 가스통을 손수 가는 것과 같았다. 어떤 성분인지도 모르고 손에 비닐장갑을 끼고 화학물질에 손을 넣었다. 매캐한 냄새가 코를 찌르기도 했는데, 샤워기를 틀고 잠시 걱정하기도 했었다.

설비 엔지니어들은 크게 두 부서와 두 회사로 구분되기 시작했는데, 반도체 웨이퍼와 다이에 직접 반응을 일으키는 FAB 설비를 다루는 엔지니어들과 이에 열과 에너지, 압력 등을 인가하는 데 도움을 주는 Infra 설비 엔지니어로 바뀌었다. 여기에서 작업의 중요도 우선순위, 위험성을 검토하여 원청과 하청 관계로서 그 구분을 했다. FAB과 Infra 설비에서 많은 일들이 외주화되기 시작했다.

인간의 신장은 평균 약 170cm이지만, 몸속의 혈관을 모두 펼치면 그 길이는 약 9만 km에 이른다. 이 중 대부분은 머리카락보다 더 가는 마이크로미터 단위의 모세혈관으로 구성되어 있다. 반도체 공장 FAB도 이와 비슷하게 복잡한 구조를 가지고 있다. 예를 들어, 한 개의 FAB에 1,000대의 설비가 설치되어 있다고 가정해보자. 각 설비에는 약 60개의 배관이 연결되어 있으며, 배관 하나의 길이를 평균 15m로 잡으면, 설비 한 대에만 약 0.9km의 배관이 연결된 셈이다. 이를

1,000대의 설비로 계산하면 전체 배관 길이는 900km에 달한다.

배관뿐만 아니라 전기선의 연결도 매우 복잡하다. 특히 삼성과 하이닉스 같은 대형 반도체 제조사의 FAB는 엄청난 전력을 소모하는데, 이는 공장이 위치한 지역 전체 전력 사용량의 20% 이상을 차지할 정도다. 이러한 전력 소모를 감당하기 위해 각 FAB에는 별도의 변전소가 설치될 정도로 거대한 전력망이 구축되어 있다.

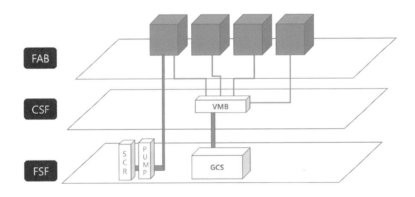

그림 3.1 반도체 현장의 모식도

이 복잡한 배관은 1983년 반도체 라인이 만들어졌을 때부터 그 아래에 깔려있었다. 라인이 새롭게 건설될 때마다 그 시절의 새로운 기술이 들어왔겠지만, 발전된 형태는 FAB 설비에 집중되었고, Infra 설비 쪽의 발전이 더뎠다. 2000년 초반부터 일들이 터지기 시작했다. 잦은 정전 사고가 일어났는데, 반도체 라인에서 정전은 치명적이라고 할 수 있다. FAB 설비는 모두 화학반응을 해서 화학물질을 중간에 끊고 멈추게 된다면 다시금 FAB의 화학반응 조건을 맞추기 위해서 보전 활동을 해야 한다. 그래서 24시간, 3교대 근무가 돌아가는 것이다. 만약에 라인 내에서 정전이 일어난다면, 가정집에서 퓨즈가 나가서 가전제품이 모두 꺼지듯이 설비가 가동을 멈추게 된다. 그러면 당시에 공정을 진행하던 웨이퍼는 모두 버려야 한다. 동시에, 설비 내부에 온도와 압력이 유지되지 않기 때문에 설비는 고장 수리에 들어가게 된다. 백업을 위해서는 라인의 모든 사람이 다 달라붙어서 현장을 다시금 복구해야 한다.

"내 화장대에는 존슨즈베이비로션 밖에 없었어. 그리고 왜 내가 기숙사에서 오래 살았는지 알아? 사고 터지면 바로 라인에 들어가려고 했어."

설비 엔지니어도 아닌, 제조 오퍼레이터 조장의 목소리다. 제조 현장에서 20년 넘게 일했던 제조 담당자는 라인에 신속히 들어가기 위해서 일 말고 모든 것을 삭제했다. 스무 살부터 일반적으로 외모를 꾸미기에도 여념이 없을 텐데, 방진복을 입는데 색조 화장은 분진으로 인한 파티클 문제로 금지되기 때문에, 자기 기숙사 화장대에는 그 흔한 파운데이션도 없었다는 것이다. 기숙사에서 최장기간을 살았던 그녀는 제조 자동화로 라인에서 나와 오피스 근무를 했을 무렵 기숙사를 드디어 떠나게 됐었는데, 기숙사가 곧 집이 돼버린 것도 있었지만 무시하지 못할 것이, 라인에서 정전 사고 등이 터지면 회사에 바로 들어가기 위해서였다는 점이다. 제조 담당자는 제조 전체 절차를 모두 책임져야 했다. 그들은 설비 엔지니어와 공정 엔지니어 그리고 그들과 품질과 생산에서 빈틈과 회색지대를 몸으로 메꾸며 책임을 다하고 있었다. 제조 담당자의 역할을 제조 생산량이라는 지표로 한정하면서, 그 물류 전체를 자동화했다며 90% 이상의 인원을 오피스로 재배치하면서 퇴사와 직무 재배치를 통해 필요 없는 사람들도 취급했던 결과는 생각보다 여러 군데에서 작용하게 된다. 그것이 바로 정전 사고에 대한 일사불란한 대처의 미숙이다.

물론 이 현상을 인적자원의 헌신으로만 진행할 수 없다. 그래서 그간 전기 기술 전문가들의 영입이 필요하다는 것으로 판단하고, 정전 사고를 근본적으로 해결할 방법을 고안해 내기 시작했다. 반도체가 첨단 IT 제품이면서도 그 제조 현장에는 거대한 화학물질이 흐르고, 화학 공장의 장비들이 저마다의 특징을 지니고 전력을 활용하고 있음이 드러나는 점이다. 그리고 반도체 3층의 구조에서 FAB 영역은 FAB 기술팀의 설비 엔지니어의 영역이고, CSF와 FSF는 Infra 기술팀의 설비 엔지니어의 영역이다. FAB과 Infra 영역은 다시금 회색지대가 발생이 되는데, 2000년 초기에 300mm FAB이 들어오기 전까지만 하더라도, FAB, Infra 엔지니어 사이에는 서로 업무영역의 겹침이 있었다. 삼성과 하이닉스의 정규직 직원들이 대부분이었고, 이들은 문제가 발생할 수는 있으나 그것을 모두 자신의 일로 생각하고 처리하려고 했다.

그렇지만 300mm FAB이 등장한 2001년, 그리고 한국 사회의 대표적인 노동 분업이 시작된 IMF 때를 기점으로 정규직, 비정규직과 외주화 경향이 일어나기 시작했다. FAB 장비의 가장 기반이 되며 숙련도가 높아야 하는 활동인 예방보전 활동PMPreventive Maintenance을 외주화하기 시작했다. 단순 정비의 측면일 수도 있겠으나, 제품사의 설비 엔지니어들은 점점 설비를 눈앞에서 들여다보지 않게 됐다. Infra 장비는 다양한 센서와 자동화 장치를 통해서 장비 운용 전체를 협력사에 외주화하기 시작했다. 특히 유해성과 위험성이 있는 화학물질을 직접 교체하고 운반하는 일을 외주업체에 맡기기 시작했다. 그러면서 빈 공간이 발생하기 시작했고, 엔지니어들의 설비에 대한 숙련도에 의구심이 나기 시작했다. 자동화와 외주화 결과의 역설이라 할 것이다.

한 줄 핵심 요약

반도체 현장의 근본에는 인간의 피땀 눈물은 물론 인간의 몸과 같은 배선과 배관이 있다. 이것이 흔들리지 않도록 기술력을 존중하고 가치를 알아야 한다.

PART 3

살아남아야 한다

2027년 반도체 골든 타임, 무엇을 준비하고 실현할 것인가

바야흐로 AI와 반도체의 시대다. OpenAI를 비롯한 글로벌 빅테크 기업들의 등장은 산업 전반은 물론 인간의 일자리까지 위협할 것 같은 두려움과 동시에, 인간의 삶을 한층 더 안락하게 만들 것이라는 기대감을 불러일으키고 있다. AI 반도체 설계 기업인 엔비디아, 시스템 반도체 제조사 TSMC, AI용 메모리인 HBMHigh Bandwidth Memory, 고대역폭 메모리의 선두 주자인 하이닉스, 반도체 장비 기업인 한미반도체 등은 과점 형태로 높은 영업이익률, 시장 지배력을 기록하며 고공행진 중이다. 반면, 한때 전통의 강자였던 인텔의 몰락과 글로벌 1위 반도체 기업 삼성전자의 부진은 업계의 명암을 극명하게 보여준다.

2024년말 삼성전자 반도체를 이끄는 전영현 부회장은 주주와 임직원들에게 사과의 메세지를 전했다. 압도적인 기술력을 회복하고 품질 문제를 해결하겠다는 의지를 밝혔다. 그렇지만 사람들은 쉽게 믿지 않는다. 삼성은 고부가가치 메모리 HBM의 엔비디아 승인이 1년 넘게 지체되면서, 신뢰의 삼성이 아니라 거짓의 삼성이라는 인상을 주었고, 존경의 대상이 아니라 비난의 대상이 되어버렸다.

그러나 2024년 실적만 놓고 보면, 반도체 부문에서 하이닉스가 23.5조 원의 매출을 기록한 반면, 삼성전자는 15.1조 원에 그쳤다. AI 반도체용 HBM에 대한 엔비디아의 공식 승인은 아직 확정되지 않았고, 적자 상태인 파운드리 산업의 시장 점유율은 충격적인 8.1%에 머물렀다.

결국 삼성의 이재용 회장은 2025년 2월 말, 9년 만에 부활한 삼성 임원 교육에서 반도체 산업의 위기를 직접 언급하며 '사즉생'의 각오로 위기에 강하고, 역전에 능하며, 승부에 독한 삼성인을 강조했다. 이는 2020년 고故 이건희 회장 별세 이후 실질적으로 그룹을 이끌어온 5년 만에 내놓은 메시지이기도 하다. 한국 반도체를 대표하는 기업이 위기에 처한 상황에서 리더의 발언은 필수적이며, 동시에 정확해야 한다. 메시지를 전달했다는 사실 그 자체에 의미를 부여할 수 있지만, 더 중요한 것은 '독한 삼성은 무엇을 어떻게 할 것인가'에 대한 구체적인 방향 제시다. 이는 삼성이라는 거대 기업만의 문제가 아니라, 한국 반도체 산업 전체의 명운을 좌우할 수 있는 사안이기 때문이다. 이번 장에서는 한국 반도체 산업의 미래를 좌우할 골든 타임이 향후 3년이라는 전제하에, 경영·기술·산업 생태계의 세 가지 관점에서 견해를 제시하고자 한다. 3년으로 설정한 이유는 다음과 같다.

첫째, AI 반도체 기술 수요의 승부처가 향후 3년이기 때문이다. OpenAI를 비롯한 인프라 기반의 AI 기술 투자의 방향성이 2027년 말에 결정되며, 엣지 컴퓨팅, 온디바이스 AI의 어떤 제품군이 주류로 자리 잡을지 윤곽이 드러날 것이다. 이 시기는 다양한 기술들이 각축을 벌인 끝에 과점 형태로 재편되는 전환점이 될 가능성이 크다. 둘째, 2027년은 삼성 중심의 파운드리 산업이 좌초할지, 혹은 TSMC와 겨룰 수 있는 유의미한 성과를 낼 수 있을지가 가늠되는 시점이다. 지금이 마지막 반전의 기회다. 셋째, 현재 메모리 반도체 기준으로 약 2.5년에서 3년의 기술 격차를 보이는 중국이 본격적으로 추격해 올 가능성이 커지는 시점이다. 그 격차를 유지하거나 다시 벌려야만 한국의 메모리 주도권이 유지될 수 있다. 3년 뒤 한국 반도체 미래가 결정된다는 점은 더욱 설득력이 있다. 다음 경영, 기술, 생태계 관점에서 논의한다.

독함은 하루아침에 달성되지도, 하루만 반짝해서 될 문제가 아니다. '독한' 기업들이 출현은 그만큼 독을 품을 수 있는 강력한 기관과 그 기관을 둘러싼 신체에 있다. 기업은 산업 생태계에서만 지속될 수 있다. 독한 기업은 홀로 가능하지 않고, 경영자 혼자서 가능하지 않다. 1980년 7월에 나온 글로벌 그룹 ABBA의 노래 제목 'The Winner takes all'은 'Winners take all'로 수정되어야 한다. 그간 독점적 위치에 오르려던 국내 1등 기업은 글로벌 경쟁력 협력과 자국 내 상생 협력을 곧바로 실행해야 한다. 기술 인재의 존중과 중요 기술에 대한 재정의가 시급히 요구된다. 생태계 확보를 위한 전 국가적 노력이 대표

기업이 아니라 중소기업을 중심으로 두텁게 쌓여가야 한다. 한국 반
도체의 미래 3년은 하루 한 걸음씩 시작해야 한다.

AI와 반도체의 시대, 2027년까지 한국 반도체는 새로운 길을 모색해야 하는 골든 타임이다.

경영 패러다임을 변경하라

　반도체 기업의 경영 패러다임 변경이 시급하다. 장악에서 협력이다. 한국 반도체는 1960년대 미국, 1970년대 일본보다 약 20년이나 뒤져서 본격적인 사업에 착수했다. 후발주자로서 추격하려면 선택과 집중이 필요했다. 1974년 1월 26일 국내 최초로 '한국반도체'를 설립했던 강기동 박사 이후 삼성에 인수됐지만 답보상태이던 사업이 1983년 이병철 회장의 도쿄선언을 통해 구체화 됐다. '일본이 유일하게 미국에 이긴 메모리 반도체 산업으로의 집중', '그릇으로 흥하라는 용인시 기흥구에 반도체 생산단지 1라인의 조기 착공', '이병철 회장의 와병 중이던 1987년 초 전자산업 수요 감소로 위기에 몰렸던 시기 3라인의 투자와 1988년 반등', 이 3가지 도전이 메모리 반도체 산업 성공을 이끌었다. 이후 10년 만인 1993년에 DRAM분야 세계 1위에 오르며 현재까지 메모리 분야 1등을 달성하고 있다.

삼성이 그렇게 누르고 싶었던 인텔과 삼성은 모두 종합반도체회사를 표방했다. 반도체 설계와 생산을 기업 내부에서 운영하는 것은 제품의 변경이 적고, 내부적인 기술 협력으로 발전이 가능할 때의 이야기이다. 그렇지만 제품군이 PC에서 모바일, 그리고 새로운 AI까지 번지며 모든 산업의 IT화가 일어나는 시점에서 한 회사에서 설계와 생산을 장악하기는 불가능하다. 삼성이 인텔을 2017년에 제치고 글로벌 반도체 1등 기업이 되었을 때, 인텔은 모바일 시장에 한계를 드러내고, 기술을 모르는 CEO의 의사결정 실패로 위기에 몰리고 있었다.

종합반도체회사에서 설계와 생산을 나누는 방식을 창안했던 TSMC는 1등 할 것이라는 이야기를 한 적이 없지만, 모든 반도체 설계회사들이 TSMC로 몰리고 있으며, 새로운 기술변화에 따라 시장을 단번에 장악하는 설계회사는 새롭게 등장해서 이익과 점유율을 쓸어가고 있다.

첫째, 몇 가지 사건에서 보듯이 설계 분야에 있어서 삼성의 성과는 요원하다. TSMC와 삼성이 애플 아이폰의 생산에 경쟁하던 2014년, 삼성은 설계 분야의 핵심 기술 기업인 ARM의 기술까지 내재화하려는 전략을 세웠지만, 결국 실패하고 TSMC에 수주를 내어주는 단초가 되기도 했다. 모바일 반도체 설계 기업 퀄컴의 스냅드래곤 설계를 잡아내고자, 퀄컴의 기술을 삼성 모바일폰 설계에 활용하면서도 '드래곤', 곧 독사를 잡아먹는 몽구스 프로젝트를 극비에 운영하다 2019년 포기하는 상황에 이르렀다. 2024년에도 네이버와 삼성이 손잡았던 AI용 시스템 반도체 마하1의 협력을 중단하게 된 사건도 있다. 기술 독립, 기술 내재화는 경영의 의사결정만으로 가능하지도 않으며, 중장기적이면서도 면밀한 전략과 전술이 수립되어야 한다.

둘째, 생산의 협업 방식에 있어서 삼성은 모두의 적, TSMC는 모두의 친구라는 일갈을 냉정히 받아들일 필요가 있다. 고객과 경쟁하지 않는 TSMC는 설계회사의 기술 보안을 위해서 생산 라인을 따로 지정하고, 내부 직원의 정보 유출마저 강력히 단속하고 있다. 그러면서도 핵심적인 기술을 제외하고 고객이 요청하는 정보에 대한 문서가 체계화 되어있고, 고객 대응 조직이 상당히 두터운 편이다. TSMC가 1987년에 창업했고, 삼성이 2017년에 파운드리 사업부를 출범했기 때문에 파운드리 업무의 노하우가 축적되지 않은 것은 사실이나, 긴 시간 국내에서 소위 '갑'의 위치에 있던 삼성이 '을'의 위치에 서기가 녹록지 않다. 이미 선단 공정의 첨단 기술 문제나 수율이라는 생산성 문제에 뒤처져 있음에도 내부 기술 보안 정책을 기준으로 정보 공개에 서투르거나, 내부 의사결정 구조를 이유로 대응이 늦어지는 등의 상황은 결국 업의 개념에 대한 성찰이 요구됨을 보여준다. 설계와 생산을 모두 장악하는 방식은 헤게모니를 쥐면서 독점적 이익을 확보하는 '생산 중심의 사고'라고 한다면, 각 단위 기능별로 협력을 통해서 '서비스 중심의 사고'라고 할 수 있겠다.

셋째, 반도체 산업의 생산 체계에서 상생 협력의 기조를 재수립해야 한다. 반도체 산업 후발주자로서 대기업 중심으로 제품개발에 집중하며, 반도체 생산을 위한 소재, 부품, 장비(이후 소부장)를 해외에서 주로 조달하는 방식을 운영했었다. 산업이 발전할수록 대기업을 정점으로 해서 수입 대체를 위한 협력사를 양성해서 국산화를 달성하는 전략은 성공적이었고, 일부 산업의 경우 완전 국산화를 달성할 수 있었다. 그렇지만 글로벌 반도체 장비 기업은 슈퍼 을의 위치에 있다. 반도체 설계도는 이미지에 불과할 뿐, 반도체는 물질의 가장 작은 단위인 원자를 조절해야 할 정도로 극단적인 미세 공정을 통해 제조해 내야 한다. 미국이 중국의 반도체 굴기를 방해하기 위해서 글로벌 장비사의 수출 금지를 전략으로 세웠듯이, 장비가 없다면 유려한 설계도도 아무런 의미가 없다. 그동안 IMF 이후에 소부장 업체들이 생겨났으며 국산화 비율을 조금씩 늘였고, 특히 일본의 수출규제가 있었던 2019년에 소재 산업을 중심으로 그 비중을 확대할 수 있었다. 그렇지만 2023년 산업연구원의 통계 기준으로 장비 국산화는 22%, 소재 국산화는 34%를 기록하고 있다. 국내 장비회사들은 독자적인 기술력 개발이 어려운 상황에서 때로는 글로벌 장비사와 특허소송에 휘말리기도 하며, 장비의 단가를 낮추는 전략적 도구로 오용될 위험에 노출되어 있다. SK하이닉스는 소재 회사를 중심으로 인수 합병을 통해서 계열사로 편입하고 있다. 수출규제 항목이었던 극자외선용 감광액PR, Photo resist를 SK 머티리얼즈 계열사에서 국산화에 성공했고, HBM의 핵심 소재 EMCEpoxy Molding Compound 반도체 방습, 발열을 하는 탄소물질를 일본회사와 독점적 계약을 맺고 경쟁력을 확보했던 것도 대표적인 사례이다. 또한 대만의 산업 정책상 반도체 장비 기업을 양성하는 것보다는 글로벌 회사의 장비를, 제값을 주고 구매하며, 기술력 확보를 통해 구매 이후 품질 보증기간이 끝난 뒤에 장비 유지보수와 개조 개선 회사를 자국 내에 양성해서 장비사를 수입대체 하는 방식을 피했다는 것도 주목할 만한 전략이다.

모든 것에서 1등 하겠다는 전략으로 아무것도 장악하지 못한다. 전략적 협력을 통해서 글로벌 1등 기업들과 함께 과점의 형태로 경쟁력을 확보해야 살아남는다.

한 줄 핵심 요약

장악에서 협력으로! 경영의 패러다임을 변경해야
한다.

그룹조직은 관리가 아닌
지원조직 역할을 하라

　삼성과 SK하이닉스의 그룹사들이 시너지를 위해 필요하다고 내세우고 있는 그룹조직은 상왕 노릇이 아닌 지원조직의 역할을 해야 하며, 경영 스태프와 기술 현업이 견제와 균형을 이룰 수 있는 프로세스로 바뀌어야 한다. 우리는 반도체 기업의 유명한 창업자와 기술 CEO를 알고 있을 뿐, 그들의 재무와 인사 책임자의 이름을 알지 못한다. 해외에서는 스태프 조직은 관련된 경영 프로세스 담당자로서 현업 기술 리더의 업무를 원활하게 돕는 역할로서, 권력이 있는 자리가 아니며 오히려 인사, 재무 절차의 외주회사가 있을 뿐이다. 결국 기술을 통해서 가치를 만들기 때문이다. 스태프 조직이 힘이 있다는 것은 창업자나 총수의 목소리를 대변한다는 것도 반영하지만, 무소불위의 권한이라는 점도 시사한다. 현재 국내 그룹의 대표자는 대부분 창업자가 아니라 창업자의 후손이 대표자 역할을 해서 기술 전문성이 없다. 우리나라에는 창업자 후손이 '오너'이기 때문에 '주인'이며 마음대로 할 수 있다는 정서가 있는데 이는 주식회사의 정의에도 맞지 않으며, 성과에도 전혀 도움이 되지 않는다.

이미 서구 유럽의 경우 주주뿐만 아니라, 회사에 속한 노동자, 지역 사회까지 포함해 이해관계자 모두가 자본주의를 옹호한다. 미국의 경우 강력한 주주자본주의를 지키고 있으며, 대표자의 경영 권한을 민주적으로 통제할 수 있는 가장 강력한 힘은 '이사회'일 수 있다. 우리나라의 경우에는 이 권한이 약하다 보니, 내부적으로 비판받지 않는 세력들이 너무나도 활개를 치고 있다. 그룹조직이라는 이들은 회사 내에서 어떠한 책임도 없이 권한만 있을 뿐이다. 그들은 임원 인사권과 예산 조정 권한을 쥐고 있기 때문에 현업 기술 인력들을 통제할 수 있다. 이들은 또한 통제의 권한과 인사 권한만 있을 뿐, 투자 실패, 인사 실패에 대한 어떠한 책임도 지지 않는다.

이재용 회장의 '독한 삼성 선언'에 앞서서, 2025년 초부터 삼성의 시스템 LSI 사업부와 파운드리 사업부 경영진단을 진행하고 있다. 위기의 해법을 다시금 기술 인력을 옥죄는 방식으로 수행하는 것을 보면, 기업의 민주적 통제가 얼마나 소중한지 알게 된다. 현재 삼성 위기는 다시금 계열사 기술자들의 나태함의 문제가 아니다. 물론 성급한 판단은 중지해야 하지만, 지금의 위기는 경영진의 의사결정 실패와 그들을 보좌 혹은 개입하는 스태프 조직의 과오라는 것을 많은 이들이 알고 있다.

그런데 경영진단, 다시금 경영진과 스태프가 현업을 옥죈다. 보통 삼성에서 진단팀, 감사팀이 뜨게 되면 누군가는 나가야 한다. 희생 제 의로써 남아있는 현업 사람들은 생존을 확인하고, 칼을 들이댔던 누 군가는 희생의 성과를 확인한다. 대부분, 중간 간부 몇몇이 총대를 메 고 나가는 경우가 많다. 물론, 잘못이 발생할 수 있다. 그렇지만 구조 적 문제가 아닌, 개인 비위의 문제로 꼬투리를 잡아서 퇴직을 종용한 다. 불명예로 해고당해서 업계에 발을 못 붙일 것이냐, 아니면 퇴직 처리해서 업계에서 살아남게는 할 것이냐를 가지고 저울질한다. 의사 결정을 위해서 개입했던 경영지원 조직들은 다시금 현업을 감시하는 대상으로 바뀐다. 의사결정에 개입했지만, 공동책임은 없이 현업만이 책임지는 것이다. 작금의 시스템 반도체 설계, 생산의 업이 부진한 것 이 과연, 현업의 태업이던가?

큰 구조적 오류에 대한 각 조직의 자기반성을 기대해서는 안 된다. 그렇지만 현재 진단과 감사의 구조상, 지금 대중에게 비판의 대상으 로 오른 소위 인사와 재무팀 같은 경영지원실은 감사의 대상이 되지 않는다. 외려, 그들은 감사팀에게 현업 비위를 감사할 수 있는 증거를 제공하는 감사의 공여자가 된다. 경영지원실이 감사의 대상이 되어야 하지만, 그들에게 물을 수 있는 권한이 어디에도 없다. 이러한 구조 는 결국 최종 의사결정권자에 대한 견제가 어디에도 없는, 독특한 우 리나라만이 가진 기업의 민주적 통제 불가능의 현장이다. 주식회사의 개념이 없는 이들이다.

급격한 발전과 추격의 시기 대충 얼버무리고 넘어가도 됐을 일들은 현재처럼 기술적 난이도가 높고 글로벌 경쟁이 치열할 때 한 번의 오판이 상당한 실패와 기업의 위기를 초래할 수 있다. 어려운 개발 과제나 기술적 난이도에 따른 변화를 선도하기에는 기술 인력들은 도전적인 과제를 하기 어렵다. 실패하면 감사가 뜬다. 누군가는 나간다. 현업은 상처가 남고, 감사를 두려워한다. 두려움이 있는 조직에서는 새로운 일을 치고 나갈 수가 없다. 안온한 중산층의 길을 선택하기 용이하다. 활력은 사라져가고, 다시금 활력 있었던 누구의 도전에 뒷다리를 잡아 활력을 떨어뜨리는 감사가 시작된다.

비판받지 않는 대상들이 기업과 국가라는 공동체를 휘청이게 하는 지금, 한국 기업과 그 구조에 대한 전반적인 통제 가능성의 단초는 결국 바깥으로는 기본 지키기와 왜곡된 지배구조의 역사를 타파하는 것부터 시작한다. 상법 개정이 시발점이 될 수 있겠지만, 공정거래의 강력한 처벌, 주가조작 처벌을 비롯한 대안적 자본주의를 상상하기 전에 자본주의의 기본부터 명확히 해가야 한다. 이게 막히니 새로운 창업자들조차 대기업의 지배구조와 의사결정 구조를 악용하려고도 한다. 사람을 고용만 하면 주인처럼 들려 하고, 주식회사를 만들고도 왕노릇 하려 한다. 인간에 대한 무한한 신뢰는 필요하나, 집단과 권력자는 비판의 대상이 될 수밖에 없다.

위기의 시대 파격적인 인사는 30대 임원 발탁이 아니라, 임원 인사에 대한 그룹조직의 개입과 월권을 중지하고, 현업 기술 인력들에게 권한을 주고 책임을 지게 하는 방식이다. 그룹조직이 한 번도 없었던 적이 없었다. 그렇다면 총수는 경영 스태프와 기술 부서의 권력에 균형을 주어야 한다.

 현업에 대한 면밀한 존중이 필수적이다. 삼성의 창업자 고 이병철 회장의 1976년 상공회의소 기고문에서 '부실 경영만큼 인재 확보와 양성을 못하는 것이 기업인의 범죄'라고 단언했다. 한국 반도체 초기 마법사들로 불렸던 해외파 인력, 국내 핵심 인력들이 반도체 추격에서 최선단에 서 있었다. 사업보국이라는 경영자의 단심과 함께, '일본을 꺾고야 말겠다', '인텔을 꺾겠다', '세계 1등 반도체를 만들겠다'는 연구개발, 설비 유지보수, 제조 담당을 비롯한 수많은 사람들의 헌신 없이는 불가능했다.

 글로벌 인재 유치를 위해서 모든 기업이 발 벗고 나서는 상황에서 국내 1등 기업이라는 면모로써는 더 이상 우수한 인재들을 끌어올 수 없다. 기술로써 창업에 성공한 이들이 새로운 세대를 주조하고 있는 상황에서, 여전히 사업의 방향 의사결정이나, 세부적인 연구개발을 위해 재무 담당자에게 기술 인력이 허락을 받는 의사결정 방식은 개편되어야 한다. 권한만 있고 책임은 없는 스태프 조직과 권한은 없고 책임만 있는 기술 부서의 의사결정 구조 및 권한 배분 방식은 변경되어야 한다.

한 줄 핵심 요약

그룹조직 중심의 의사결정 방식에 대한 재검토가
필요하다.

기술의 위계를 철폐해야 산다

글로벌 반도체 기업 중에서 결코 대체되지 않는 회사는 생산을 담당하는 TSMC 그리고 장비를 담당하는 ASML, AMAT과 같은 회사다. 크고 작은 소재사들도 한몫하고 있으며, TSMC는 이미 소개한 바가 있기 때문에 장비회사 두 곳에 집중해 보자, 과연 유럽의 낮은 노동생산성에 대한 비판적 목소리가 높은데도 ASML은 슈퍼 을로서 그위치가 공고하고, 인텔의 실패와 같이 미국의 반도체 생산 체계는 무너졌는데도 AMAT는 장비사 1등을 여전히 구가하고 있다. 그들은 어떠한 강점이 있기 때문에 여전한 경쟁력을 확보하고 있을까? 결국 통합적 역량을 갖춘 엔지니어의 양성이다.

장비 한 대의 부품 수가 56,468개에 달하는 ASML 장비를 기구 설계 엔지니어에게 전권을 부여하게 되면 기계장치의 기능에만 집중할 것이다. 노광 기능에만 집중한다면 물리학과 출신의 광학 엔지니어가 승진할 것이다. 유관 물질의 반응에만 집중한다면 화학, 재료 계열 기술자들이 기계 장치와 원리에 대한 지식이 없을 것이다. ASML에서는 통합적 역량을 갖춘 엔지니어가 기계, 전자, 화학, 소재, 소프트웨어, 광학까지 모든 기술을 알고 엔지니어들과 협력할 수 있도록 양성하고 기술을 발전시켜 왔다.

결국 내부적으로 통합적 의사결정 역량을 갖추고 모든 기술을 이해하고 있는 엔지니어가 양성되고 있기 때문에 물질적, 이론적, 기계 장치적 한계를 종합한 장비의 최적화가 가능하게 된다. 이러한 엔지니어는 헌신으로 양성되는 것이 아니라 자신의 미래가 복합적인 기술을 습득하고 경험했을 때 밝아진다는 것을 충분히 알고 있기 때문에 전공에 상관없이 장치 성능 최적화에 뛰어들 수 있다.

그러려면 무엇보다 기술의 위계를 철폐해야 한다. 삼성은 위계가 상당히 강하다. 오랜 시간 대부분의 임원직에는 전자과 출신의 설계와 제품 엔지니어가 올라갔다. 초미세 공정이 시작된 2000년대 중반부터 공정의 한계에 돌입하면서 공정이 주목받기 시작했다. 그렇지만 여전히 장비 엔지니어에 대한 처우, 패키지 기술에 대한 처우가 부족하다.

반도체 산업은 전자제품을 생산하고 있지만, 그 안에는 정밀 기계, 정밀 화학 등 산업 전 분야가 연관되어 있다. 소위 전자공학과, 화학공학과, 기계공학과 등의 이공계 전공 전체 인력을 필요로 한다. 그간 반도체 제품회사에서는 연구개발 엔지니어들만을 중심으로 생산은 당연히 해야 하는 것이 아니냐는 잘못된 인식이 자리했다. 물론 연구개발이 되지 않으면 제품의 미래가 없다. 그러나 수율을 중심으로 하는 반도체 제품 생산이 안 되면 기업이 무너진다. 다른 산업과 달리 반도체 수율은 특정 연구개발 조건을 바꾼다고 해서 달성하는 것이 아니다. 연구소에 천여 개에 달하는 공정 조건을 만들면, 제조센터에서 수많은 장비에서 동일한 공정 결과를 구현해야 수율 확보가 가능하다. 말하자면 수천 대의 장비가 똑같이 움직일 때만 가능하다. 나노미터(nm, 10-9m)는 물론, 더 작은 옹스트롬(Å, 10-10m)까지 공정을 위해서 조절해야 한다. 옹스트롬은 우주에서 가장 작은 수소 원자 사이의 거리를 의미하기 때문에 그 공정의 미세화와 장비별 동일한 실행은 단순한 생산 관리가 아닌 연구개발과 동일한 위치의 핵심적인 경쟁력이다. 게다가 인간이 인식 불가능한 미세 진동이 반도체 건물, 장비, 배관에서 일어나며, 습도, 온도, 압력 등의 분초 단위 변화, 계절적 변화가 수율에 지대한 영향을 미치고 있다.

설계는 이상적인 설계도 이미지이고, 공정은 만드는 조건, 레시피다. 근본적으로 반도체는 물질이기 때문에 소재, 부품, 장비로 만들어진다. 설계와 공정은 조건을 수정하면 개선될 수 있지만, 물질은 조건을 수정한다고 쉽게 개선되지 않는다. 해당 물질들을 정해놓으면 바꾸는 것이 어렵다. 수천억 원의 장비, 작은 병 하나에 수천만 원에 달하는 소재, 억 단위를 호가하는 부품은 투자하게 되면 끝까지 써야 한다. 낡고 변하고 달라진다. 이를 명확히 데이터화하는 것이 어렵다. 모든 문제는 그곳에서 발생하기 때문에 항상 사건 사고가 일어난다. 결코 장비 엔지니어의 실력이 뒤진 것이 아니다. 미세화될수록 이상은 사라지고, 물질의 여유, 소위 공정 마진은 줄어든다. 원자의 크기는 줄어들 수가 없는데 제품은 더욱 작아지기만 한다. 그러니 제조 현장에서 수율은 쉽게 휘청거린다. 그런데도 모든 문제가 발생하는 장비 엔지니어는 사건사고가 많다며 실력이 없다고 무시해왔다. 동일한 설계도, 동일한 공정에서 각기 다른 제조 환경을 일치시키는 일은 너무나도 어려운 일인데, 기술 임원들은 이를 당연하게 여겨왔다.

특히 생산과 수율 문제의 간단한 단서는 삼성, SK하이닉스, TSMC, 인텔 등의 모든 기업이 90% 이상 동일한 글로벌 장비를 쓰고 있다는 점이다. 왜 같은 장비를 쓰는데 수율의 차이가 있을까? 삼성이 GAAFET Gate All Around Field Effect Transistor 반도체 핵심 소자 제작 기술이라는 신기술을 먼저 개발하고도, 수율을 확보하지 못해서 결국 TSMC를 추격할 발판이 되지 않았다는 사건을 보자. 이는 수율 문제는 단품 중심 경영에서는 이익 창출의 문제겠지만, 파운드리 사업에서는 비즈니스 기회 창출과 연결되는 핵심 사항이다. 이는 반짝이는 천재급 인재를 데려와서 되는 문제가 아니다. 왜 TSMC는 신규 제품만 만들게 되면 수율을 확보할 수 있는가? 결국 빛나지는 않지만 기술의 기본기를 강조하고 존중했다는 데 있다. 위의 각 반도체 제품사들도 현상도 동일하다. 설비 유지보수와 같은 반복적인 업무에 어느 만큼 기업에서 중요도 우선순위를 부여했는가에 따라서 현재 반도체 연구개발과 수율 확보에 따른 이익 창출이 결정되고 있다.

동일하게 그간 반도체 연구개발의 이목이 집중되었고, 제품사에서 힘이 강력했던 반도체 웨이퍼 공정뿐만 아니라 반도체 칩끼리 이어 붙이는 패키지 공정이 산업 경쟁력의 핵심으로 떠오른 것도 의미가 있다. HBM의 성공과 실패에는 패키지 공정 개발을 단시간에 추격할 수 있을 것이라는 제품 개발 중심 기술 임원들의 오판이 작용했다. TSMC가 삼성에서 애플 수주를 빼앗아 올 때 패키지 공정의 진일보가 있었다. 이후 TSMC는 패키지 공정마저 독보적인 기술력으로 개발하고 있으며, 설계회사들은 값비싼 비용을 지불하고도 TSMC에 매달릴 수밖에 없다. SK하이닉스 또한 상대적으로 기술 인재들을 존중했고, 설계와 제품 중심이 아니라, 공정과 장비기술 및 웨이퍼 공정과 패키지 공정의 수평적 위계를 통해서 미세 공정에 대한 대응력을 높였다.

그간 찬밥 대우를 받았던 장비와 후공정 패키지 쪽이 새로운 부가가치 창출의 영역이며 그들의 몸값은 해외에서 더욱 높아만 간다. 삼성이 설계와 전공정만 중시하는 문화였다. 모든 기술이 존중받지 않는다면 오직 단품의 소자 미세화만 매달렸던 이들이 간과하는 후공정의 주도권을 영원히 다른 기업과 국가에 빼앗기게 될 것이다.

물질을 기반으로 한 제조 현장을 무시하고 그들의 역할을 당연하게 여기며, 문제만 지적했던 설계와 공정 기술자들은 제조 현장의 장비 일치화 문제부터 발 벗고 나서야 한다. 외주에 맡기기만 했던 장비 유지보수의 결과, 삼성 내 일부 부서를 제외한 전체 장비 엔지니어가 직접 유지보수를 할 수 없게 됐다. 같은 장비를 쓰는데 TSMC는 신규 공정을 하자마자 수율이 금방 확보된다. 외주화가 더디고, 공정과 장비 엔지니어 간 거리가 좁고, 함께 문제 해결했던 하이닉스는 같은 메모리 제품에서 조기 수율 목표 달성이 가능하다. 모래로 만든 반도체를 모래 위에 지어서는 안 되고, 단단한 물질적 기반 아래서 만들어야 한다.

한 줄 핵심 요약

설계, 전공정, 후공정, 설비, 소재 등 모든 기술을
존중하는 위계 철폐가 절실하다.

엔지니어 역량 강화에 집중하라

반도체 산업에서 자동화와 무인화가 강조되고 있지만, 실질적으로 공정과 설비 운영은 여전히 숙련된 현장 인력의 경험과 기술에 의존하고 있다. 삼성전자는 디지털 트윈 기술을 도입하여 설비 유지보수와 공정 최적화를 추진하고 있지만, 현재 수준은 데이터 수집 단계에 머물러 있으며 완전한 무인화는 현실적으로 어려운 목표다. 특히 나노미터 이하의 미세한 조정이 필요한 반도체 제조에서는 단순한 센서 데이터와 자동화 알고리즘만으로 품질을 완벽히 보장할 수 없다. 오히려 생산 공정의 변화 속에서 숙련된 엔지니어들의 경험이 중요한 역할을 한다.

반도체 제조 공정은 단순한 설계로만 이루어지는 것이 아니다. 생산, 설비, 소재, 배관, 건설, 전기까지 다양한 분야의 숙련된 기술자들이 협력하여 제품을 완성한다. 조선업에서 전환한 숙련공들이 배관과 용접 작업을 담당하며, Hook-up배관과 설비를 연결하는 작업 과정에서의 실수나 지연이 설비 가동률에 직접적인 영향을 미친다. 이처럼 반도체 산업은 다양한 전문 기술자들의 협력 속에서 운영되며, 단순 자동화로는 해결할 수 없는 복잡한 문제들이 지속적으로 발생한다. 제조 라인에서의 오차 하나가 막대한 손실로 이어질 수 있기 때문에, 자동화가 이루어질수록 인간의 판단력과 숙련 기술이 더욱 요구된다.

삼성전자 직무 교육의 구루 이경환 박사는 반도체 제조 현장에서 시작해 삼성전자의 직무교육 체계를 정립했다. 1991년 삼성전자에 입사해 노광공정 엔지니어로 근무하던 그는 제조 직군에서의 경험을 바탕으로 1998년 K8 프로젝트를 주도하며 기흥 8라인의 성공적인 셋업을 이끌었다. 이후 SASSamsung Austin Semiconductor 1기를 통해 미국 반도체 생산 공정 구축에 참여하며 한국 반도체 기술을 세계로 확산시키는 역할을 수행했다.

뼛속부터 인사 담당자도 아니었으며, 현장에서 제조 과장을 하면서 받은 스트레스가 심해 아픔도 있었지만, 다시금 그는 현장에서의 경험과 실질적인 문제 해결 능력이 무엇보다 중요하다고 보았으며, 이에 따라 현장 중심의 직무 역량 체계를 확립했다. 그는 직무 역량을 이해-자주-지도-개선-창조의 5단계로 정리하며, 단순한 이론 교육이 아니라 현장에서 직접 문제를 해결할 수 있는 실질적인 역량 강화를 목표로 했다. 이 체계를 통해 삼성전자는 IMF 이후의 위기 속에서도 조기 전력화와 다능화를 통해 반도체 제조 현장의 경쟁력을 유지할 수 있었다. 특히 고졸·전문대졸 출신 오퍼레이터들이 주요 인력으로 자리 잡으며, 현장 숙련을 통한 생산성과 품질 향상이 이루어졌다. 자동화가 된 2010년 이후에는 제조 오퍼레이터들이 사라졌지만, 20년 가까이 OCPSOperator Career Path Supporting System를 셋업하여 활용했고, 이후에 고객사들의 생산 품질 점검Audit에 까지 활용도를 높일 수 있었다.

삼성전자는 제조뿐만 아니라 설비 엔지니어를 위한 ECPSEquipment Engineer CPS와 협력업체의 예방보전 역량 강화를 위한 SR-CPS SubcontRactor-CPS, 반도체 인프라 설비 엔지니어를 위한 FCPSFacility Engineer CPS 등을 도입하며 직무별 전문성을 강화해 왔다. 이는 단순한 자동화를 넘어 현장의 기술력과 문제 해결 능력을 체계적으로 발전시키는 과정이었다. 회사에서는 외주화, 자동화하며 기술자를 없애려고 했지만 현장 노하우를 지키고 존중했던 수많은 시도와 발자취들이 남아있다.

특히, 반도체 설비 엔지니어는 단순 유지보수가 아니라 설비 기능을 개선하고 최적화하는 역할을 수행해야 한다. 설비 문제는 단순히 기계의 결함이 아니라 환경적 요인, 공정 조건, 재료 특성 등 여러 요소가 결합된 문제이기 때문에 숙련된 기술자의 감각과 경험이 필수적이다. 설비 엔지니어링이 공정의 핵심이 되는 이유는 반도체 제조 환경에서 설비의 미세한 변화가 제품의 품질에 직접적인 영향을 미치기 때문이다.

반도체 산업이 메모리, 파운드리 등 다양한 분야로 확장됨에 따라, 기술 기반의 영업·마케팅 전문가 양성도 함께 이루어졌다. 단순한 제품 판매를 넘어 고객 맞춤형 솔루션을 제공하는 방식으로 변화하는 반도체 비즈니스 모델에 대응하기 위해서는, 단순 이론 교육이 아닌 실제 현장 경험을 바탕으로 한 인력 양성이 필수적이다. 파운드리 사업의 경우, 고객이 설계한 반도체 칩을 제조해야 해서, 기술적인 이해와 생산 과정의 특성을 파악하는 것이 매우 중요하다. 이에 따라 반도체 영업 및 마케팅 인력 또한 단순한 판매를 넘어서 기술 기반의 컨설팅을 수행하는 방향으로 발전하고 있다.

결국 반도체 산업의 성공은 기술적 혁신뿐만 아니라, 현장에서 숙련된 인력의 경험과 협력 속에서 이루어진다. 자동화와 디지털 트윈이 중요한 도구이기는 하지만, 궁극적으로는 이를 운영하고 최적화하는 인간의 역량이 필요하다. 이경환 박사가 강조한 현장 중심의 직무교육 체계는 반도체 산업의 지속적인 발전을 위해 여전히 중요한 역할을 하고 있으며, 향후에도 현장과 숙련을 기반으로 한 인력 양성이 지속적으로 이루어져야 한다.

향후 반도체 산업이 지속적인 성장을 이루기 위해서는 단순한 기술 혁신뿐만 아니라, 현장 중심의 인력 양성 체계를 강화해야 한다. 반도체 공정이 점점 더 미세화되고 복잡해지면서, 자동화 시스템만으로 해결할 수 없는 변수들이 증가하고 있다. 이를 해결하기 위해서는 인간의 판단력과 경험이 더욱 중요해지며, 기존의 제조, 설비, 배관, 인프라 기술자들의 역할이 더욱 강조될 것이다.

또한, 반도체 산업의 글로벌 경쟁이 심화됨에 따라, 한국 반도체 기업들은 단순한 생산 효율성이 아니라 기술적 차별화를 통해 경쟁력을 확보해야 한다. 이를 위해서는 현장의 숙련된 기술자들이 단순한 유지보수가 아니라, 공정 최적화와 혁신적인 문제해결을 수행할 수 있도록 지속적인 교육과 지원이 필요하다. 삼성전자의 직무 교육 체계는 이러한 방향성을 제시하는 대표적인 사례이며, 앞으로도 이를 기반으로 인력 양성이 지속적으로 이루어져야 할 것이다.

결론적으로, 반도체 산업의 미래는 자동화와 숙련된 인력의 조화 속에서 발전할 것이며, 현장 중심의 교육과 경험이 무엇보다 중요한 요소로 자리 잡을 것이다. 인공지능과 빅데이터 기술이 발전하더라도, 실제로 이를 운용하고 개선할 수 있는 것은 결국 사람의 몫이다. 따라서 반도체 산업의 경쟁력을 유지하기 위해서는 지속적인 인력 양성과 현장 중심의 직무 교육 체계가 더욱 강화되어야 한다.

레벨	제조	설비	연구개발	소프트웨어	마케팅/경영	PM전문
5	SPS Pro	FE Pro	VisitingScola 기술Recharge	SW Architect		
4	SPS Leader	FE Leader		SW Leader		
3	P-Expert	T/F-Expert	학술연수	SW Expert	MBA	
2	PCPS	ECPS FCPS	P&T PCS	Cording		SR-CPS
1	TPM, 3정5S 실습100제	설비8계통 요소기술	Device동작 8대 공정	SCSA* SFSA	MI, MM 커뮤니케이션	신입입문교육

5단계의 직무별 교육체계

● SCSA: Samsung Convergence Software Academy, 인문전공자 SW개발자 전환과정
 SFSA: Samsung Fundamental Sotware Engineer Course, SW 직무자 기본 역량강화과정
●● 레벨1~2 경우는 계속적으로 변화하기 때문에 삼성전자 DS부문에서는 DS University에서 430여 개 세부직무별 교육이 있으며, Lv 3 이상은 선발 및 양성 과정으로 진행 중이다.

결국 이는 AI기반 자동화 열풍에도 기술의 옥석 가리기가 될 것이다. AI는 모든 산업에 영향을 미치고 있다. 그렇지만 AI는 데이터를 기반으로 한다. 디지털 정보에 대한 해석, 추론, 분석 능력은 이미 인간을 넘어섰다. 한 인간이 데이터로 근접한 설명은 가능하나 완벽한 복제는 불가능하다. 이유는 인간은 물질이며 몸이기 때문이다. 자동화할 것과 하지 않을 것을 구분해야 한다. 반도체 현장은 하루에 가공할 만한 데이터를 생산해 낸다. 제품 기업 한 곳이 하루에 생성하는 데이터 양이 12PB(Petabyte 큰 서류 캐비닛 2천만 개 또는 인쇄된 표준 텍스트 5,000억 페이지의 양, 1TB의 천배)에 이른다. 그렇다면 이 데이터를 통해서 일정 부분의 해석, 예측을 감지해 낼 수는 있지만, 그 데이터가 곧 반도체 물질의 현장과 설비의 미세변화를 모두 나타낼 수 없다. 디지털 트윈 기술로써 반도체 생산 관리를 개선할 수는 있으나, 디지털이 실물을 완벽히 대체할 수 없다. 아무리 디지털 정보로 같은 장비라고 할지라도, 세부 배관이 다르며, 유지보수된 결과가 다르며, 현장의 진동, 온도, 습도도 항상 변한다. 이러한 모든 정보까지도 자동화하려면 결국에 장비 운영에 대한 근본적인 기술력이 요구된다. 저임금의 유지보수 외주화, 2030년까지 설비 무인화 전략 등의 자동화를 통해서 원자 단위로 품질을 관리해야하는 반도체 현장은 연구개발도 수율확보도 달성하기 어렵다. 자동화를 위해서도 모든 기술인력의 노하우에 대한 존중과 암묵적 지식에 대한 형식지화도 필수적이다.

한 줄 핵심 요약

반도체는 자동화를 이끌지만, 반도체 제조 현장은 자동화되기 어렵다. 결국, 기술 엔지니어 역량 강화가 필수적이다.

정부 정책은 생태계 강화에
집중해야 한다

　반도체 산업을 대기업과 대졸자 중심으로 바라보는 것을 중지해야 한다. 고용 창출과 기술 역량 강화는 결국 생태계 강화에서 시작된다. 반도체 산업은 모든 학과가 필요하고, 모든 학력이 필요하다. 반도체 인재 양성은 여전히 부족하면서도, 특히 대기업과 대졸자 중심으로만 맞춰져 있지만, 다시금 적확한 양성을 위한 정책적 뒷받침과 현실 인식이 요구된다.

　반도체 산업은 수도권에 있는 이공계생들에게 경기도 남부권에 자리 잡은 유망한 직종이기도 하다. 1980년대까지 이공계를 지망한 학생들은 서울의 명문대를 갈 것이 아니라면 지방 국립대를 선택했다. 그것이 지방에 있는 석유화학공업, 철강산업, 전자산업 등의 인재 유입에 영향을 상당히 주었다. 하지만 반도체 산업은 우리나라를 대표하는 산업으로 성장해 가는데, 지리적 위치 또한 수도권에 집중되면서 이공계 인력 수급에 유일하게 문제가 없게 됐다.

그렇지만 반도체를 비롯한 융복합 기술 산업의 경우, 학과 단위의 교수님들이 산업의 변화를 모두 확인해서 양성에 반영할 수 없다. 우수 인력의 양성은 산업 수요 맞춤형이기도 하지만, 이공계의 이론적 기본기를 강화하는 것도 중요하기 때문이다. 그렇지만 산업계와 연관한 기술과 직무 변화에 대한 중장기 인력 양성 계획 수립은 매우 필수적이다.

예를 들어, 2020년대가 넘어, 카이스트 기계공학과 모집에 지원자가 대폭 줄었던 이유가 현대자동차에서 내연기관이 전기차 모터로 바뀌었기 때문이다. 반면에 반도체 장비 기업은 기계공학자들의 기술력이 매우 중요해지고 있으나, 이러한 변화를 교수들이나 학생들이 알지 못해서 지원하지 않고 있다.

특히 반도체에서 화학 반응이 갈수록 중요도가 올라감에도 불구하고, 교육 기관에서 유관된 전공에서 관련 지식체계를 습득하지 못하고 있다. 대학을 벗어나 폴리텍대학에서도 반도체 전공으로 변경하고 특성화고와 마이스터고 등에 반도체 유관 학과가 생겨나고 있으나, 여전히 숙련 기술직에 대한 선호도는 확보되지 못하고 있다. 과기부와 산자부, 그리고 교육부는 학문의 기본과 현실의 적용에 대한 꾸준한 대안 마련을 통해서 인력 양성의 불일치가 발생하지 않도록 유연한 정책 마련이 요구되며, 산업 현장의 시니어 전문가들과 함께 양성의 세부적인 계획을 수립해야 한다.

한반도라는 좁은 공간에서 격차의 발생을 해결할 수 있는 방식은 결국 정부의 정책에 달려있다. 지방 소멸을 의식해서 기존의 공업 발달 지역을 재편하거나 새로운 산업 기반을 마련하기 위함으로써 역할은 계속되고 있다. 특히 K-반도체는 한국 사회에서 유일하게 글로벌 경쟁력이 있는 산업이 되어서 모든 지자체에서 유치경쟁에 들어선다. 정부의 예산을 할당받은 지방정부나 중앙부처의 산하기관에서는 수많은 프로젝트를 양산해 내며, 여기에 심사위원으로서 각 기술에 전문성이 있는 교수님들이 심사위원으로 들어간다.

광역지자체 두 곳에서 나는 심사위원들 앞에 서서 발표할 기회가 있었다. 실제 과제를 수행하는 이들은 중앙 및 지방정부의 산하기관이 주관하는 프로젝트를 수주받으려고 하는 사기업이었고, 사기업의 컨설턴트들은 기술적인 내용을 알지 못했기 때문에 나와 협업했다. 한 컨설팅회사로부터 반도체 기술 관련된 사전 타당성 검증 과제 수주를 위한 제안 프레젠테이션 발표에 함께해달라는 연락을 받았다. 특히 산업 기반이 없는 광역지자체에서 반도체 산업에 뛰어들겠다는 과제를 추진한다는 점이 독특했다. 2023년 1월 한 도시에서 열린 제안 발표회에 갔다. 발표회에는 지역의 교수님들이 앉아 있었다. 기술적인 질문을 하는 그들 앞에서, 나는 마이크를 잡았다.

"클린룸의 청정도는 어떻게 할 겁니까?"

"천 클래스1,000 class면 족할 것 같은데요?"

"뭐라고요? 천 클래스?"

"네, 생산용이 아니기 때문에 가운 입고 실습하기에는 좋을 것 같습니다."

"뭘 모르시는 것 같은데요? 됐고, 그럼 장비는 뭐 살 거예요?"

"네? 증착, 세정공정이 현실적으로 국산화가 많이 되어있으니, 구매하고 나머지는 각 기업 등의 지원을 받아 유휴설비를 사야 할 것으로 보입니다."

"그래서 현실감 있게 실습할 수 있겠어요?"

"저는 기업에서 설비 엔지니어 양성 체계를 기획하고 설비 연수센터 관련된 담당을 했었습니다. 뭘 모르시는 것 같은데요?"

"…"

아직 FAB의 설계도도 부지도 결정하지 않은 상황에서 반도체 FAB 연수원을 지으면 사람들이 올 건가에 대한 근본적인 질문이나 현실적인 여건도 생각하지 않은 상황에서 면접관들은 대뜸 무슨 설비부터 살 것인지를 물었다. 반도체 설비는 가정용 전자레인지가 아니며, 작은 연구실에서 쓰고 있는 기계 장치가 아니다. 국내 장비회사에서 실험용 장비를 만들 수도 있겠지만, 반도체 제조 현장에서 직접 활용되는 설비는 유휴 장비로 나왔을 때 제대로 동작하는지도 확인해야 하며, 실제로 유휴설비로 연수원에서 교육이 가능한지와 위해성 위험성이 있는 화학 물질을 인허가를 통해서 사용할 수 있는지는 또 다른 이야기다. 학계에 있는 분들이 기술은 알 수 있지만 산업은 전혀 다른 문제이다. 연구실에서 새로운 소자를 만들거나 새로운 소재를 개발하거나 기계 장치의 특허를 마련할 수 있겠지만, 수천 대가 있는 FAB가 어떠한 생산 체계를 갖추었고, 현장에서는 연구개발뿐만 아니라 제조 기술을 숙련도 있게 닦아야 하며 수율을 올리기 위한 지난한 결과물은 집중할 사항이 전혀 달라서 만만한 일이 아니다.

K-반도체의 역량 강화를 위해서 반도체 관련된 계약학과들이 생겨나고 있다. 석박사급의 설계 인력에 대한 수요도 여전하다. 그렇지만 반도체는 꼭 전자공학과 중심의 회로설계나 소자 특성에 관련된 전공만 필요한 것이 아니다. 반도체 산업의 필요 인력과 기술 수준에 대한 명확한 산정은 어렵지만, 메모리반도체의 설계와 공정기술력을 대비했을 때, 시스템 반도체, 인공지능 반도체, 소부장 국제 경쟁력과 인력 수급을 비롯해서 전 영역에서 인력 확보 어려움이 심각하다.

(단위: 100을 기준으로 한 상대적 수준 비교)

구분	메모리 반도체	시스템 반도체	인공지능 반도체	소부장
기술경쟁력	92~95	59~80	56	60
인력수급수준	75~84	55~73	55	62

우리나라 반도체 기술 경쟁력 및 인력 수급 수준 (출처: 전국 경제인연합회 2021)

(단위: 만 명)

구분	고졸	전문학사	학사	석박사	석박사
10년 전망	7.8	3.9	13.5	5.2	30.4
현재인원	4.4	2.3	8.1	2.9	17.6
신규인원	1.3	1.4	1.9	0.4	5.1
부족인원	2.1	0.2	3.5	1.9	7.7

향후 10년 반도체 산업 인력 전망 (출처: 한국 반도체 산업협회 2022)

반도체 산업협회의 통계에 따르면 반도체 인원은 17.6만 명이며, 10년간 양성할 인력을 합치면 22.7만 명이기 때문에, 10년 전망치인 30만 4천 명에 7만 7천 명이 부족하게 된다. 여기에서 주목할 수 있는 것이, 대부분의 조망과 의사결정권자들의 요구가 학사와 석박사에 집중되어있다는 점이다. 반도체 전문 인력을 위한 학교별 계약학과들이 등장하고, 거점대학을 중심으로 연구용 FAB를 운영해야 한다는 이야기가 있다. 그렇지만 고졸의 부족 인력들에 대한 시선은 드러나지 않는다. 현재 부족한 인원들의 학사 3.5만 명, 석박사 1.9만 명, 고졸 2.1만 명, 전문 학사 0.2만 명이다. 70%가 학사 이상, 30%가 고졸과 전문 학사 이상의 비율을 요구하고 있다. 대학별로 계약학과가 만들어지고 있지만, 삼성전자, SK하이닉스와 고용계약을 맺게 된 기존의 유명 대학교를 제외한 지방 국립대학교 등은 지원율이 신통치가 않다. 계약학과가 기존의 대학 위계를 벗어난다기보다는 해당 대학 내의 계약학과 입학점수만 올려서 그들만의 구별 짓기를 한다. 소위 명문대의 계약학과는 의대생들의 복수 지원으로 줄줄이 사람이 빠져나가는 다른 측면의 난관을 볼 수 있다.

성적 최상위권이 의사로 쏠리는 현상은 이공계는 명문대를 나와도 직장인이기 때문이다. 현재 대기업 중심의 산업 체계에서 모든 자본과 사람이 대기업에 몰리게 된다면 자유로운 창업의 기회도 줄어들게 된다. IT가 처음 시작하던 시기를 새롭게 등장한 네이버나 카카오, 넥센 등이 새로운 기업으로 태어났지만, 그들조차 생태계를 잠식해 가는 모습은 기존 대기업들과 다르지 않다. 기존 대기업들이 제조업, 유통업을 기반으로 족벌처럼 사세를 확장해 갔다면 IT 기업들은 IT기술의 특성상 플랫폼이 되어 다른 모든 데이터와 노동을 빨아들이면서도 제조업의 매몰 비용이나 투자 비용도 추가하지 않고 과점과 독점의 형태를 가지게 된다. 양질의 취업 자리도 줄어든다. 창업보다는 거대 기업에 종속될 수밖에 없는 상황에서, 거대 기업은 그동안 인력을 빨아들이는 이점을 가질 수 있었다. 이 점에서 이공계 전공자들이 '직장인'으로 머무를 수밖에 없고, 기업 환경에서 숙련을 존중하지 않는다면 나이 들어 퇴직 종용에 몰려, 자신의 사회적 위치도 경제적 여유도 흔들리게 된다는 것을 뻔히 알고 있다. 기술 하나로 먹고 살기 어렵기 때문에 이공계로 뛰어들라는 말을 하기는 어렵다. 국가 선도 산업인 반도체 산업의 생태계를 두텁게 함으로써 업계의 유입되는 인력들에게 희망을 주고, 경력을 설계할 수 있도록 하는 기회를 마련해야 산업이 살아남는다.

한 줄 핵심 요약

산업의 기술 변화를 인식하고, 생태계를 강화할
수 있는 인력 양성의 맞춤형 전략이 시급하다.

반도체 산업 내 불평등 구조를
개선해야 한다

업계에서 기업 간 연봉과 근무 여건의 불평등을 해결하지 않으면 반도체 산업이 뿌리째 흔들리게 된다. 임금이 낮을수록 더욱 위험한 일에 노출되어 있고, 근무 여건도 열악하다. 이는 신입사원의 의사결정에 결정적으로 영향을 미치는 것은 물론, 이에 따라 좋은 회사만 들어가려는 노력의 번아웃을 불러일으키고, 잦은 이직에 따른 기술 개발의 어려움으로 중견기업 인력난을 가중시킨다. 시니어들은 대기업을 제외하고는 갈 곳이 없어서 조직 내에서 모욕에 가까운 처우를 받으면서도 노력하지 않고 천천히 죽어간다.

2000년대 이후 우리나라의 산업 발전은 관치금융과 IMF 시기 빅딜을 통해 대기업을 정점으로 수직 계열화되었다. 후발 주자로서 글로벌 경쟁력을 갖추기 위한 불가피한 선택이었다. 그러나 현재 대기업은 대기업병으로 중소기업은 인력난으로 모두 심각한 상태에 이르고 있다. 동일한 반도체 현장에서는 신입사원 초봉이 3배 차이가 나는 사람들이 일하고 있다. 거대한 FAB에는 모든 직종이 각자의 방진복과 근무복을 입고 일한다. FAB를 소유하고 있는 제품사의 임직원과 협력사 임직원들은 다른 색깔의 옷을 입는다. 이를 업계로 넓혀보면 보상의 불평등을 확인하게 된다. 한국 사회의 대표적인 문제는 바로 여기에 있다. 즉, 누구의 연봉은 그 자신의 역량과 성과보다 속해 있는 기업에 의해 좌우된다는 점이다.

반도체 현장 건설 노동자들과 배관공들이 있다. 동남권의 조선업 용접 및 배관 기술자들은 협력사 처우 부족, 수주 실적 미비 등으로 평택 고덕, 이천 등으로 이주했다. 최저임금을 받는 유지보수 외주 인력들은 방진복을 입고 3교대 근무를 한다. 그리고 장비 고장 수리를 담당하는 장비사 CS Customer Service 엔지니어가 상주하고 있다. 그리고 국내, 글로벌 기업의 소부장 기업 기술 인력들이 드나든다. 그리고 성과급을 포함해서 신입사원의 원천 소득이 1억원이 넘는 제품사 직원들이 있다.

구분	신입연봉	평균연봉	근무형태
반도체제품	5,300만원	11,889만원	Office, 교대근무
외국계장비	5,000만원	8,829만원	Office, 교대근무
소재, 부품	3,800만원	6,857만원	Office
OSAT업체	4,100만원	5,688만원	Office, 교대근무
PM전문업체	3,830만원	–	교대근무필수
Facility업체	3,046만원	–	교대근무필수

향후 10년 반도체 산업 인력 전망 (출처: 한국 반도체 산업협회 2022)

코로나가 한창이던 2022년, 마스크를 뚫고 나올만한 열기가 두 반도체 회사에서 벌어졌다. 사내 게시판과 직장인 대나무숲 블라인드였는데, SK하이닉스와 삼성전자 신입사원들끼리 언쟁이 오갔다. 누가 더 연봉을 많이 받는 것인가에 대한 이야기였다. 다른 이들에게는 그들만의 세계가 돼버린 논쟁의 핵심은 돈 문제였다. 두 회사에서는 보너스와 복리후생 사항 등을 합쳐 1억 원 전후로 연봉이 지급되었다. 신입사원 연봉의 과도한 상승으로 숙련된 경력자와 연봉 차이가 급격히 줄어드는 등, 내부적인 진통도 있었다.

반도체 전문기업과 반도체 장비 및 유지보수 회사는 각종 구직 사이트에서 사람들을 찾고 있다. 몸을 가장 많이 쓰는 일이나 위험물질에 가까이 놓일수록 연봉 수준이 낮다. 겨우 최저임금을 넘기는 정도의 연봉에 4조 3교대가 근무가 필수적이다. 특히 이익의 내재화와 위험의 외주화 경향을 명확히 드러낸다. 대표적인 FAB$_{\text{Fabrication 웨이퍼 반응이 일어나는 장소}}$에서 인명사고는 위험물질의 누출 사고이다. FAB와 CSF$_{\text{Clean Sub FAB 공조 현상이 있고 배관이 있는 장소}}$, FSF$_{\text{Facility Sub Fab 유입, 배출 물질이 있는 장소}}$가 수직적으로 구성되어 있는데 협력사의 손길이 가장 많이 미치고 있는 FSF에서 화학물질 운반과 보관을 담당하고 있다. 맨 아래 FSF층의 물질 보관에 대한 정기 점검은 상대적으로 공정 불량이 발생하지 않게 된다면 간과하게 된다. 질소와 이산화탄소 누출에 의한 인명사고의 직접 피해자는 협력업체가 되며, 회사 간의 지루한 소송을 통해서 일부 언론에 조명이 되었다가 최종 법적 판단까지는 수년의 시간이 지나서 결론은 협력사 책임으로 이어진다. 2015년

180

에 발생한 질소 누출 사고는 2024년이 되어서야 확정판결이 났으며 해당 협력사는 안전 점검, 업무 과실 때문에 대기업에서 손해배상 청구까지 하게 됐다. 3명의 사상자에게 지급된 15억 원의 보상액이 있었고, 망자들이 속한 협력사는 손해배상 청구로 7.7억 원의 구상액을 책정받았다.● 2018년 발생한 이산화탄소 누출 사고에서 협력사에게 손해배상 청구까지 이어지지 않았는데, 법원이 대기업에서 20년간 누출 밸브 점검조차 하지 않아 노후화하였다는 데에 관리책임이 있음을 물었기 때문이었다.●● 누군가 언젠가 당했을 사고는 반도체 제품과 FAB를 가지고 있는 이들이 아니라, FAB에서 사선에 가장 가깝게 놓인 이들에게 엄습한다.

여기에도 큰 틀의 구분이 있다. 반도체 설비유지보수의 기본기라고 할 수 있는 PMPreventive Maintenance 예방보전 전문업체의 연봉 수준과 근무 형태는 물론이거니와 반도체 고장 수리라는 핵심적인 기능인 BMBreakdown Maintenance 고장수리 을 이제는 대부분 장비회사의 CSCustomer Service 고객 대응 담당자들에게 외주를 주다 보니, 해당 인력들은 교대 근무의 여건과 단순 반복 업무라는 편견 속에서 공정, 설비 등의 기술 엔지니어와는 다른 계급에 속한 것처럼 평가절하를 받고 있다.

● "'질식 사고' 하청 업체, SK하이닉스에 7.7억 지급…하이닉스 일부 승소", 2024.2.16, SBS Biz, https://biz.sbs.co.kr/article/20000157338
●● "3명사상, 삼성전자 이산화탄소 누출 사고 선고…책임자 9명 유죄", 2025. 2.16. Jtbc, https://mnews.jtbc.co.kr/News/Article.aspx?news_id=NB12165691

FAB 설비와 부대설비에 대한 PM을 전문으로 하는 회사의 채용공고가 항상 구직 사이트에 올라온다. 학력 무관, 전공 무관으로 시작되어, 교대 근무 가능자, 설비 분해조립 가능자로 연결되며, 입사지원서에 생활 영어 테스트를 본다. 인상적인 것은 반도체 장비가 미세하고 예민하며, 작업은 정비 정지 작업과 비정지 작업을 모두 포괄한다고 되어있다. 그러면서 인상적인 문장은 'Rule 준수, 임의 판단하지 않는자'이다. 엔지니어의 기본기로써 Trouble Shooting(문제 해결)이 주요한 업무이고, 이들은 장비 정지 작업과 비정지 작업을 모두 포괄해야 한다. 통상의 PM 업무는 장비가 공정 가동 중에 PM 주기에 다다랐을 때, FAB 시스템 내에서 유지보수 스케줄이 뜨고, PM 작업이 진행되면 FAB내 반입구로 해당 주기별 교체할 PM 부품들이 도착해있다. 각 현장 엔지니어는 PM의 작업 기준에 맞춰서 설비 부품사의 체결을 풀어내고 필요한 도구를 가지고 그간 반도체 공정을 진행했던 설비를 닦는다. 알코올을 동원해서 닦는다. 교체해야 할 부품을 꺼낸다.

　작성된 메뉴얼대로 그대로 해야 한다. 절차를 하나라도 대충 넘어가서는 안 된다. 분해했던 설비를 조립한다. 큰 부품부터 작은 부품까지 나사 하나라도 사라져서는 안 된다. 혹시라도 알코올이 묻어있는 티슈를 넣고 반응기를 닫게 돼서 웨이퍼 반응에 이상이 생기는 사고라도 터지면 PM 전문업체가 사라질 정도의 손실을 보게 된다. 그들은 3정 5S라는 정위치, 정량, 정품과 정리, 정돈, 청소, 청결, 습관화의 일본어 S를 따서, 설비보전의 가장 기본기로 체화해야 한다. 설비를 닫고, 전원을 켜서 공정 물질이 아닌 질소나 산소 같은 가스를 흘려서 리크leak가 없는지 확인한다. 없으면 설비를 다시 백업시키는 공정 레시피를 진행해서 파티클이 떨어지는지 유무를 본다. 파티클이 어딘가에 발생하면 성분을 분석해서 파티클이 없어질 때까지 설비 세정을 재반복해야 한다. 이후에 PM 백업 조건을 만족하면 원청사인 제품사 설비 엔지니어를 부른다. 그들이 왔다 갔다는 흔적이 아예 없어야 한다. 그들은 설비를 직접 만지고 있지만 그들은 가장 낮은 연봉을 받고 당연히 교대 근무를 하면서도 어떠한 생각을 요구하지 않고 메뉴얼대로 하라는 지침만 받는다.

　그렇지만 그들이 혹시라도 나사를 잘못 돌리면 Gas가 누출될 수 있고, 너무 돌리면 나사 밥이 묻어서 파티클이 생겨날 수도 있다. 설비는 예기치 않는 물질 반응기이기 때문에 언제 어디서 문제가 생기는지 알 수 없다. 설비가 노후화되면 없던 문제가 발생한다. 대략 반도체 라인에서 장비 1대의 PM주기를 1년에 2.5건으로 산정한다. PM은 각 공정마다 차이는 있으나 대략 건당 5천만 원 정도다. BM은 통상 PM의 두 배 정도로 잡기 때문에 5건 발생한다고 가정하자. 그렇다면 장비당 7.5건의 유지보수 건과 3.75억의 비용이 발생한다. 사업의 호황과 불황에 따라서 유지보수의 운영 방식이 달라지기는 하지만, 1년에 20조 원에 육박하는 규모이다.

반면에, 독점적 위치를 점한 글로벌 장비회사의 경우, A사는 장비 판매 79.6%, 서비스 20.6%, B사는 61.4%, 고객지원 기타 38.6%, C사 장비 판매 78.4%, 응용서비스 21.6%를 보이는 등 설비 CS를 위한 BM의 고장 수리 업무뿐만 아니라, PM 업무까지 자신들의 서비스 및 매출 비용으로 산정하고 있다. 삼성과 SK하이닉스의 CEO가 달려가서 장비 판매를 요청할 정도이기 때문에 그 권한을 인정하지 않을 수가 없다. 글로벌 장비회사에서는 PM 업무도 부가가치를 부여한다. 대졸자들은 같은 방진복을 쓰더라도 PM 협력사가 아니라 국내 장비 CS 엔지니어가 아니라 해외 장비사 CS 엔지니어가 되는 것을 꿈꾼다. 급여의 측면도 사회적 위치도 달라지게 된다. 수율과 품질에 영향이 가장 큰 설비 유지보수 기본기의 중요성은 아무리 강조해도 지나치지 않으며, 반도체 업계 내에서 이들에 대한 처우 개선과 경력 개발 정책도 수립되어야 한다.

한 줄 핵심 요약

동종업계의 임금 격차와 근무 요건 격차의 해결 없이 반도체 수율과 생산의 안정적인 결과는 기대할 수 없다.

시니어와 주니어 모두가
윈윈할 수 있어야 한다

대기업 지원자들은 구직난에, 중소기업 인사 담당자들은 구인란에 빠져있다. 오래된 미스 매치는 산업계 전체의 활력을 떨어뜨리고 과도한 자원 낭비가 계속될 수밖에 없다. 대기업은 인력 선순환의 정점이 되어 산업에 인력 양성소가 되어야 함에도, 어렵게 회사에 들어간 인재들은 대기업이라는 온실에서 처우를 맞출 수 있는 다른 기업이 없기 때문에 중산층의 삶을 유지하며 천천히 썩어가고 있다. 국내에서 퇴직을 앞두거나 적절한 회사를 찾지 못한 경력직들은 적절한 일자리를 찾지 못해 결국 기술 유출의 혐의를 받으며 해외 기업으로 떠난다. 반면 중견기업에서는 신입사원의 절반이 1년 만에 퇴사하는 등의 인력난을 겪는다. 중견기업의 신입 직원들은 1년 전후로 다닌 경력을 없애더라도 취업 시즌이 되면 대기업 신입 채용에 눈길을 돌린

다. 일부 글로벌 회사로 떠나는 인력을 제외하고 대기업이 최종 종착
지가 되어 버린 지금, 산업 생태계 확보 및 중견기업 이하 처우 개선
은 국가 차원의 문제가 되어야 한다.

　신입사원의 경로를 예로 들어보자. 내가 반도체 산업계에서 기술
강의를 10년간 진행하면서 가장 어려운 교육 대상들은 '취업 준비생'
들이다. 그들은 모든 것이 궁금하지만 아무것도 알지 못한다. 그리고
무엇을 면접에 물어볼지 알지 못하기 때문에 불안함에 떤다. 기업에
서는 옥석을 가려내기 위한 다소간의 과장된 자기소개 대본을 가지고
경연장과 이벤트 행사처럼 면접을 치른다. 지원자들은 30분 내로 지
원동기와 목적, 경험, 성격의 장단점을 기계처럼 내뱉는다. 면접관들
은 이들이 너무 자기소개를 외웠다고 나무라면서도, 몇 가지 질문을
통해 짧은 시간에 그들의 사고력을 측정하고, 진정성을 알 수 있다고
판단한다.

　처우가 유사한 기업이 많다면 그들이 꼭 대기업만을 고집하지 않
아도 된다. 그렇지만 설명이 필요 없는 몇몇 회사를 제외하고, 일반적
인 기업에 다니는 사람들은 만족할 수 없다. 이른바 중고 신입은 공공
연한 비밀이 되었다. 6개월에서 1년 정도 반도체 업계, 특히 국내외
장비회사에서 일한 이들이 대기업 신입 공채에 지원한다. 중고 신입
으로 회사를 갈아탄 취업 준비생들은 경력을 인정받지 않는 신입사원
이지만, 업계에서 쓰는 은어와 용어를 알아듣는다.

　이는 국내 반도체 회사에는 사람 구하기 어려워지는 결과를 맞게
된다. 소재, 부품, 장비회사는 신입사원을 뽑아서 입문 교육을 했지

만, 이제 적응해서 일할만한 사원들은 대놓고 취업을 준비한다. 이유는 간단명료하다. 그들이 속한 회사 이름에 따라서 월급이 달라지기 때문이다. 그리고 세계적인 반도체 장비회사는 아시아의 대표적인 생산지인 우리나라에 설비 엔지니어 트레이닝 센터나 생산 법인을 구축하기 시작했다. 경기도 화성에 ASML 설비 연수센터, 경기도 오산의 LAM, ASM 법인이 그 사례이며, 글로벌 펌프회사인 Edward도 충청 지역에 생산법인을 만들었다. 글로벌 장비회사의 한국 법인 설립은 상대적 선호도가 낮은 국내 소재 부품 장비회사의 퇴사율을 높이게 한다.

나 또한 삼성에서 일했다는 경력만으로, PM 전문 협력회사, 소재, 부품, 장비회사 등의 협력회사에서 강의와 컨설팅을 할 수 있게 됐다. '어디 다녔습니다'라는 말로 사회적 평가와 관계가 중요시되는 한국 사회에서 커다란 권한을 얻게 된다.

종착지가 되어 버린 대기업에서 인재들은 제대로 된 일을 할 수 있을까? 대기업에서는 시니어 인력들을 그들의 숙련 기술에도 불구하고 고임금의 저성과자들로 간주하며 쫓아내기 바쁘다. 생태계 확보가 되어있지 않기 때문에, 그들은 모욕을 감내하면서도 대기업을 나올 수 없다. 피라미드 구조에 꼭대기에 있는 이들은 벼랑 끝에서라도 중산층의 삶을 만들어줄 회사에서 버텨야 한다. 임원을 원하지도 않는다. 임원만큼 벌고 싶지도 않고, 그들의 삶이 행복해 보이지도 않고, 이미 임원이 될 사람들은 해외에서 날아오거나, 더 힘세고 인정받는 부서에서 나온다고 생각한다. 나를 모욕하지 않고 무시하지 않는다면 설명이 필요 없는 대기업에 다니는 것이 수월하다.

그런데 대기업에서 시니어와 주니어 사이에는 경쟁체제가 만들어지고 있다. 조직의 수평화로 선후배 관계보다는 리더와 팔로워의 명확한 권한과 책임이 있는바, 직급과 연차에 상관없이 팔로워들은 인사 평가의 경쟁자라는 인식이 생겨나고 있다. 신입사원들은 예전과 달리 수많은 정보를 IT기술을 통해서 접할 수 있다. 대학교 입시처럼, 첫 회사에 목숨을 걸게 된다. 동시에 회사에 들어오게 되면 자신의 미래이면서, 자신의 경쟁자로 보이는 수많은 40대 이상의 선배들을 만나게 된다. 조직 내에서 관리자나 임원이 되지 못하는 사람들은 속칭 '뒷방 늙은이'가 된다.

그들을 가장 무시하는 것이 결의에 차게 대기업 취업에 몸을 갈아 넣은 신입사원이다. 그들은 한 번도 제대로 된 보상을 받아본 적이 없는 준비생이었다. 수행평가, 학생부 종합전형 등 모든 행동이 평가의 대상이었던 이들에게 대기업 취업이라는 특전과 같은 보상을 누려야 한다. 벼슬아치가 된 기분으로 거대한 관료조직에 몸담게 된 이들은 기업 내 평가에 민감하고, 해외 파견, 학술 연수 등 양성 기회에 대한 재빠른 가치판단을 한다. 평가는 관계를 단절하고, 이익과 보상에 대한 시간적 민감성과 감응적 태도를 보이게 된다. 선후배 같은 옛날 방식을 기다릴 수 없다. 때론 양보와 협력이 필요한 회사 생활을 이해하기 어려워하며, 명확한 이해관계로 관계는 납작해지기 때문에 조직 내 소통 비용은 상승하게 된다.

인사고과로 불리는 역량과 업적 평가 결과에 대해서 수용하는 방식보다 이의를 제기하는 방식을 택하려고 한다. 드물게 직원의 어머니가 평가에 불만을 가지고 평가자에게 전화해서 토로하거나 불만을 드러낸다는 소식도 들려온다. 벼랑 끝의 산업 체계에서 국내에서 정상에 오른 것 같은 이들은 까치발을 들고 있다. 그곳에서 드물게 숙련과 직무별 수평적 협력과 인정은 손톱으로 칼날을 만들듯이 날카롭게 벼려져 있다. 그래도 대기업이라는 그나마 안락한 공간을 벗어날 수는 없다.

반면에, 해고가 가능해야 인력 선순환이 된다는 의견도 있다. 그렇지만 산업 생태계의 처우 개선 없이 해고부터 가능하면, 실직한 노동자들은 설자리를 잃게 된다. 그보다 두터운 일자리 창출을 통해서 한국 반도체 산업 내에서 기술 인력의 해외 유출을 막고, 역량을 발휘할 수 있도록 해야 한다.

개인 또한 조직 내 임원보다 산업계 내에서 어떠한 브랜드를 가진 인력이 될 것인가에 대한 고민을 해야 한다. 임원 되는 길에 들어섰다가 50대가 넘어서야 회사 밖을 들여다보는 경력 설계에 임하는 것보다 업계의 다양성이 있음을 인식해야 한다. 기업의 인사정책 또한 그들을 뒷방늙은이로 은연중에 퇴직만 종용하는 것이 아니라, 반도체 업계 내에서 맞춤형 경력을 쌓을 수 있도록 미리부터 안내할 필요가 있다. 더 이상 충성심으로써 기업을 버텨낼 수는 없는 일이다.

경영층은 알아주지 않았어도, 삼성에는 '나사 박사'가 있었다. 그는 일본산 장비 도입 이후 품질 불량 이슈가 있을 때, 석박사급 누구도 해결하지 못한 웨이퍼 이동용 고정 나사의 미세한 결합을 발견했다.

그는 고졸의 설비 엔지니어였다. 그때 제조센터장은 '나사에 빠져보라'는 격려와 지시를 했고, 독학으로 일본어를 공부했으며, 백발이 성성한 일본 숙련 엔지니어를 찾아다녔다. 그를 조망했던 몇 안 되는 기사는 20년 전인 2006년이었다. 삼성 반도체의 상징이었던 15라인 건설에 참여하게 되었고, 그는 '나사' 하나에 자신의 미래를 계획했고, 그와 같은 사람들의 노력으로 15라인은 반도체 치킨게임을 이겨내는 핵심 제조생산 기지가 되었다. 나사홈과 같은 쳇바퀴를 돌게 되면 어느새 나사의 정상에 올라가듯이 묵묵히 나사 하나만 연구했던 그는 2065년 100세가 될 때까지 나사를 바탕으로 한 빼곡한 목표가 담겨있다.

국가 차원에서도 수많은 반도체 관련 지원을 세밀화할 필요가 있다. 대기업들은 자구책 마련이 가능한 수준이다. 그렇지만 반도체 생태계 안에서 더 취약한 위치에 놓인 기업들에게 두터운 지원이 필요하다. 소재, 부품, 장비 기업을 통칭하는 말로, 뿌리 산업이라는 정부 용어는 매우 적절하지만, 어떻게 할 것인가를 구체적으로 생각해야 한다. 반도체 수율에 핵심적인 기능은 아주 작은 볼트, 너트의 품질에 달려있다. 체결과 구동의 미묘한 품질 변화가 곧 기술력이다. 그렇지만 볼트, 너트를 상징으로하는 값싼 소모품을 제조하는 기업들은 매우 영세하다. 양품 검사를 위한 3D 검사 장비 지원 등의 현대적 품질 체계를 지원할 수 있다. 국가 단위에서 반도체 신기술에 대한 끊임없는 연구개발 지원과 핵심 원천 기술 확보는 당면한 과제이지만, 기술의 근간을 이루는 정밀 기계 공업, 소재의 순도에 영향이 미치는 정밀 화학 공업에 종사하는 노동자들과 회사를 위한 기술 인프라 확보는 반도체 미래 3년에 가장 단단한 뿌리이며 줄기가 될 것이다. 생태계 강화를 위한 인력 양성과 기술개발 그리고 자금 지원에 정부 또한 발 벗고 나서야 한다.

한 줄 핵심 요약

생태계의 활성화는 결국 사람의 역량을 어떻게 활용하는가에 달려있다. 경쟁과 대결 구도가 아닌 다양한 경력 설계를 통해 생태계 강화를 이뤄야 한다.

세계에서 가장 작은 반도체를
가장 큰 공장에서 만든다

반도체 제품은 계속 미세화되고 있지만 라인은 점점 거대해지고 있다. 2006년에 만들었던 반도체 FAB의 크기가 150m 였다가, 2024 년에 건설하고 있는 FAB는 직경이 그 다섯배에 가까운 700m에 이른다. 이제 장비는 약 1,000대 들어갔다가 3,000대가 넘게 들어간다. 라인 건설비용은 4조원에서 30조원으로 정말 기하급수적으로 늘어났다. 라인이 거대해지는 이유는 뭘까? 웨이퍼나 설비가 더 커지는 것은 아닐텐데? 결국 가동률을 높이기 위해서다.

반도체 제품을 만드는데 설비를 900번 거쳐야 하고, 공정 900개는 약 300대의 설비로 진행할 수 있다. 양산은 한 시라도 웨이퍼가 멈추면 안되기 때문에 동일 공정을 진행할 설비가 10대씩 있고, 그것이 3,000대를 이룬다. IT 자동화로 생산에 차질이 없도록 하기 위해서 한 라인에 최대한의 설비를 넣는다.

이 거대한 라인에서 만들어야할 반도체 제품은 역설적으로 점점 작아진다. 미세화가 극단에 달하고 있는 선폭 20nm 이후부터 어려움은 극대화 되고 있다. 10대의 설비가 나노(1nm = 10-9m), 옴스트롱(1Å = 10-10m) 정도의 미세한 공정 조건을 만족할 정도로 일치화되어 움직여야 한다. 실리콘 원자 크기가 2옴스트롱임을 생각하면, 생산

시설인 라인이 어느 정도 민감한지 알 수 있다. 그 어려움을 체감한 TSMC는 라인을 무턱대고 확장하지 않았다. 200m 정도로 라인의 크기를 제한했다. IT 자동화에 따른 가동률 상승효과와 장비 확대에 따른 옴스트롱 규모의 공정 수율 저하에 최적점을 생각한 것이다.

정밀 기계, 정밀 화학, 정밀 건축 등 전 산업을 존중해야 한다

최신 반도체는 전자과 전공의 하드웨어 설계자, 컴퓨터학과 전공의 소프트웨어 설계자만 일하는 것이 아니다. 그 아래 단에는 복잡한 배관이 있고, 무진동 건물이 만들어져야 한다. 반도체 생산에 연관된 근본적인 근대적 공학 기술에 대한 접근이 필요해졌음을 보여주고 있다. 반도체 산업은 유관된 산업군과 생산품을 모두 국산화할 필요는 없지만, 그 기술력과 사양 판단에 있어서는 실제 선진국 수준에 올라가야 할 시기가 됐다. 무턱대고 단가를 낮추기 위해 국산화를 하거나, 인건비를 낮추기 위해서 건물, 배관, 설비 유지보수 인력을 외주 관리했던 것에서 벗어날 때가 됐다.

이제는 그런 모든 기술을 동원해서 사상누각이 아닌, 기초부터 튼튼한 건물을 짓기 시작해야 한다. 반도체 제품에 진동 제어를 위한 이종 산업 간 첨단 기술이 접목되어야 한다. 반도체 라인의 품질은 당연히 일정하리라고 가정했던 모든 것이 흔들리는 시기가 되어버린 것이다.

반도체는 누가 어떻게 만드는가?

23.11월 과기부 산하기관에서 반도체 산업 인력 수요 관련된 전문가 회의가 열렸다. 회의 주관처에서는 수십 곳의 반도체 회사를 직접 연락해서 인사 담당자의 의견을 물어보고 향후 5년의 인력 필요 인원을 취합한 결과를 미리 보냈다. 회의 시간은 1시간 빠듯하게 진행됐지만 모든 말들은 두서없이 목적도 없이 흘러갔다. 전문가들은 다들 볼멘소리뿐이다.

"대체 이 인력 수요의 기준이 어떻게 됩니까?"

"반도체 산업을 어디까지 본 거예요?"

"삼성과 하이닉스는 포함한 것입니까? 그 회사들은 이야기하기 싫어할 텐데…."

"설계회사들은 어떤 기준으로 컨택한 것입니까?"

전자과 교수는 설계 인력에 대해 물었고, 기계공학과 교수는 반도체 장비 인력에 대해서 물었다. 화학공학과 교수는 반도체 공정과 소재에 대해 물었다. 다 자신들의 입장에서 말들이 넘나들었고, 회의 주관처 담당자는 얼굴이 벌게졌다. 아무런 결론도 내지 못한 채 회의는 끝났다. 덩그러니 자리에 남아있는 보고서는 반도체 산업의 복잡성을 표현하기에는 그 기준도 자료도 턱없이 부족했다. 반도체 산업은 일차적으로는 전자산업이다. 반도체라는 재화의 목적은 전자재료이다. 그렇지만 반도체 산업은 모든 산업 중에서 가장 복잡한 제조생산 체계를 가지고 있다. 그래서 반도체 산업은 전체 이공계 전공자들이 모두 참여할 수 있고 모든 산업에 걸쳐서 연결되어 있다. 우리나라의 경우 후발 주자로서 반도체 제품 중에서 설계가 상대적으로 단순한 메모리 반도체 시장을 중심으로 산업화를 이루었다.

반도체 설계를 하는 엔지니어를 통상 제품 설계 기술자라고 한다. 그리고 반도체 생산은 크게 반도체 공정 기술자와 설비 기술자라고 구분한다. 제품 설계는 전자과 전공자가 주를 이룬다. 이들은 반도체 제품의 용량, 속도, 특성에 직접적으로 연결되어 있다. 공정은 이러한 제품의 특성을 구현하기 위해서 화학물질인 소재와 화학 반응기인 부품과 장비로 웨이퍼에 화학반응을 일으킨다. 설비는 이러한 반도체 장비의 유지보수와 성능의 항상성을 유지보수하고 고장 수리하고 개조 개선한다. 이들은 처음 시작한 일을 반도체 업계에서 대부분 끝까지 이어가는데, 각 세부 직무별로 구분은 꽤 명확하다. 각 엔지니어는 평생 자신이 감당했던 기술 직무로 밥벌이하며 숙련을 쌓아간다. 반도체 인력 수요가 명확하지 않았던 점도 그 구분이 소재와 화학 반응기라는 화학과 기계 전공까지 포괄하기 때문이다.

특히 반도체 설비 회사 또한 공정과 설비 기술자로 구분하는데, 이 공정 기술자들은 삼성과 하이닉스와 같은 반도체 제품사의 공정 기술자들과 협의를 통해 해당 설비의 공정 평가를 진행한다. 마찬가지로 설비 기술자들은 장비사와 제품사 사이의 회의로 품질을 담보하려고 한다. 여기까지 포함하게 되면 그 범위는 끝이 없다.

전자공학을 중심으로 한 제품 엔지니어들은 반도체를 용량과 성능을 파악한다. 트랜지스터 스위치가 몇 개 있어야 전자제품 규격에 맞는 반도체를 만들어낼 수 있는가를 고민하기 때문에 그들은 주로 GBGigabyte 용량, GbpsGigabyte per second 초당 전송용량 GHzGiga Hertz 속도, VthThreshold 문턱전압, ScaleChip Size에 집중한다. 이들의 구현은 결국 물질로써 만들고, 이는 공정 엔지니어의 몫이다. 이들은 온도, 압력, 물질, 부피, 에너지 종류를 따져서, 물질의 크기CD, Critical Dimension, 두께Thickness, 저항Resistance, 파티클에 대해 민감하다. 이들에게 반도체는 물리적, 화학적 반응이다. 설비 엔지니어는 이러한 반응이 일어나는 반응기에 대한 예방보전Preventive Maintenance, 고장 수리Breakdown Maintenance, 개조 개선Corrective Maintenance으로써 반도체를 생각한다.

그런데 이곳에서 인간이 가장 큰 오염원이 된다. 오염원이 웨이퍼나 설비로 이동하게 되면 수율에 영향을 미치게 된다. 그러더라도 사람은 꼭 필요하다. 그리고 빼놓을 수 없는 층, 바로 1층인 FSF이다. 쉽게 드러나지 않지만, 언제나 필수적인 곳이다. 이곳은 방진복을 쓰고 들어가지 않는다. 공조 현상이 함께 일어나는 곳이 아니다. 반도체 공정에 필요한 물질과 공정을 마치고 흘러나오는 부산물들이 빠져나온 공간이며, 반도체 설비에 필요한 온도와 압력을 유지하기 위한 별도의 복잡한 기계장치들이 있다. FAB과 CSF 그리고 FSF 바닥에 구멍이 그레이팅으로 연결된다. 그레이팅은 특수 제작한 방진 코팅이 된 콘크리트 바닥재로 성인 남성이 하나씩 들고 이동하기 버거운 무게다. 각 층의 물질을 연결하려면 그레이팅에 타공을 해서 배관을 서로 연결해야 하는데, 그 작업에 수많은 땀이 스며있다.

그래서 FAB에 출입하려면 스막Smock 클린룸에 들어가기 위해 환복하는 공간을 통과해야 한다. 스막은 바깥에서 입은 옷을 갈아입고 먼지가 없는 방진복과 방진 속바지, 방진화, 방진 마스크, 방진장갑으로 옷을 갈아입게 된다. 팹에서 활용하는 공책도 볼펜도 먼지가 없어야 한다. 그래서 눈 주변만 바깥으로 나오는 우주복 같은 온갖 방진 의류로 갈아입는다. 이후에 필기구를 챙겨서 스막과 팹의 중간에 있고, 문으로 막혀있는 에어 샤워를 건넌다. 30미터 정도 되는 통로에 공기가 펑하고 터지면서 먼지를 떨어낸다. 문이 열리면서 마지막으로 발바닥에 있는 먼지마저 없애려고 방진 패드를 밟으면 먼지가 떨어져 나간다.

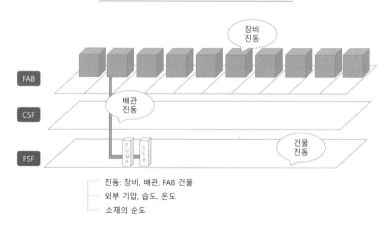

그림 1.5 반도체 FAB의 진동, 습도, 순도 등의 이슈

① 진동 문제

공정 미세화와 복잡도의 증가는 연구개발 조건의 양산에 있어서, FAB의 미세 진동에 제품 수율이 달라질 수 있음을 시사한다.

예를 들어, 반도체 라인의 진동은 옴스트롱 단위의 공정 조건에 영향을 미치는 인자가 되어 버렸다. 적어도 세 가지 진동에 대비해야 한다. 첫 번째, 건물 자체의 진동이다. 통상적으로 일반 건물이 $50\,\mu m/s$로 움직인다면, 반도체 라인은 그것의 1/8일 수준인 $6.25\,\mu m/s$로 움직일 정도로 라인 건물 설계와 건축에 반영해야 한다. 단단한 암반에 거대한 시멘트 기둥인 파일(pile)을 박아서 진동을 막아야 한다. 그리고 설비에 연관된 배관 또한 물질 흐름에 따라 움직일 수 있는 정도가 있으니, 배관 설계와 시공에 품질관리가 필요하다. 그리고 반도체 장비 사이에 진동의 차이, 장비 내부의 생산성을 높이기 위해서 장치들에서 발생할 수 있는 진동 등도 고려해야 한다. 또한 라인 내에서 흐르는 반도체 소재 또한 순도를 미세 관리해야 수율 저하를 막아낼 수 있다. 말하자면 온 전공자들의 기술을 존중해야만 더욱더 미세해지는 반도체 제품 생산을 견뎌낼 수 있고, 이것이 각 회사의 수율과 이익에 지대한 영향을 미친다.

② 소재의 순도 문제

정치적 문제로 붉어지긴 했지만 대표적으로 소재 문제가 공중에 알려지게 된 계기는 역시 2019년 일본의 수출규제 사건이다. 경영학에서는 이해가 어려운 접근방식이다. 재화를 구매하지 않는다는 불매

不買가 아니라, 재화를 팔지 않겠다는 불매不賣 전략이다. 미국이 중국의 반도체 산업 견제를 위해 핵심 설비 수출 금지 전략과 유사한 방식이다. 아무리 반도체 첨단 제품이어도 몇 종의 설비와 소재가 없다면 생산이 어렵다는 반증이다. 일본에서 판매하지 않겠다고 했던 소재는 총 3개 종류이다. 첫 번째, EUV용 PR, 두 번째, 식각용 불화가스, 세 번째가 PI 폴리이미드 필름이다. 세 번째 PI의 경우 후공정의 소재에 가까워서 서술에서 제외하기로 하자. EUV 설비용 PR은 일본에서 매출의 90%를 공급하고 있다. 특히 JSR이 주요 공급원이었고, 회사 차원에서는 매출이 급격히 줄어들 수밖에 없었다. 이에 JSR은 발 빠르게 수출국가 다변화를 진행했다. JSR이 벨기에 회사와 합작품을 만들고 있었기 때문에, 벨기에에서 우회 수출경로를 만들었다. 불화 가스의 경우 일본 켄토사는 우리나라에 생산 법인을 만드는 전략을 구사했다. 이는 정치적 의사결정이 무조건 전면에 도달할 수 없으며 결국 다양한 우회로를 통해서 기업은 살아남을 방식을 찾는다는 것을 보여준다. 2020년에는 수출규제 대상 소재로 검토되었던 전구체Precursor를 생산하는 일본의 ADEKA사가 전북 완주에 생산 법인을 건설하기 시작했고, 경기도 화성에는 연구소도 건립했다.

동시에 문재인 정부에서는 '극일'을 통해서 수출규제의 문제를 해결하고자 했다. 소부장 기업에 대한 예타 면제와 창업, 상품화 지원을 적극적으로 추진했다. 수출규제가 있었던 2019년에 우회 경로를 국내 기업으로 소재 국산화를 성공시켰는데, 불화 가스는 통상 화학 반응성이 매우 뛰어난 물질로써, 어떤 소재이든 간에 순도를 높여주거나, 필요 없는 물질을 없애주는 데 활용되고 있었다. 석유화학 제품의 탈황 작업 등에 쓰이던 기업들이 반도체 소재 산업으로 확장하면서 매출이 급성장하기도 했다. 불화 가스를 위한 다양한 반도체, 화학제품 대기업의 자회사가 생기는 등의 접근방식도 시도되었다. 대표적인 두 가지 수출규제 제품 중에서 불화 가스는 국내 공급 체계를 갖추

물질	단위	스펙	실측값(A)	실측값(B)	A/B 비율
Al	wt/wt ppb	〈1	0.095	0.072	1
Ca	wt/wt ppb	〈1	0.040	0.031	1
Cr	wt/wt ppb	〈1	0.072	0.005	14
Cu	wt/wt ppb	〈1	0.051	0.005	10
Fe	wt/wt ppb	〈1	0.047	0.029	2
Pb	wt/wt ppb	〈1	0.039	0.005	8
Mg	wt/wt ppb	〈1	0.020	0.014	1
Mn	wt/wt ppb	〈1	0.068	0.005	14
Ni	wt/wt ppb	〈1	0.052	0.008	7
Nb	wt/wt ppb	〈1	0.059	0.005	12
Pd	wt/wt ppb	〈1	0.061	0.005	12
Pt	wt/wt ppb	〈1	0.056	0.005	11
K	wt/wt ppb	〈1	0.038	0.022	2
Na	wt/wt ppb	〈1	0.045	0.026	2
Zn	wt/wt ppb	〈1	0.053	0.035	2
Material	%	〉99.8	99.969	99.975	1
기타 음이온	wt/wt ppm	〈1	0.015	0.004	4
기타 음이온	wt/wt ppm	〈1	0.026	0.001	26
기타 음이온	wt/wt ppm	〈0.5	0.012	0.006	2
기타 음이온	wt/wt ppm	〈1	0.197	0.001	197

었지만, EUV PR(극자외선용 감광액)은 연구개발이 필요했다. EUV 보다 이전 기술인 KrF 파장을 중심으로 PR을 만들었던 국내회사는 EUV PR로 뛰어들기 시작했다. 동진세미켐은 자체 기술을 활용해서 2021년에 시제품을 만들게 되었고, 2023년에 SK는 계열사 SK 머티리얼즈에서 국산화에 성공했다. 현재 소재 분야의 국산화율은 34% 정도다. 이 수치는 상대적으로 국내 반도체 산업 생태계 강화를 위해서는 필요한 측면이지만, 실제 수율 확보 측면에서 더욱이 어려움을 가져오게 된다.[●]

한 물질에 대한 사례이다. 반도체에서 활용되는 소재이며, 해당 제품의 공급 순도는 99.9%다. 이는 같은 소재이며 순도가 99.969%인 A 순도 99.975%인 B의 계측값을 보인다. 공급 기준은 모두 통과하고 있지만, 실제 순도는 0.006% 차이가 있다. A가 B보다 불순물을 포함한 각 원소 간의 비율이 크게는 197배까지 검출되고 있다. A,B의 불순물 비교를 통해 해당 제품이 어떤 수율의 요인을 보였는지, 순도와 수율 사이의 상관관계를 확인할 수 있다.

반도체는 물질이기 때문에 순도 99.9%와 99.9999%는 거대한 수율 차이를 보인다. 특히 반응성이 뛰어나 양이온이 되기 쉬운 금속원소는 조금만 물질이 함유되어도 소자 특성에 전혀 다른 효과로 나타나게 된다. 해당 표에서 '기타 음이온'의 항목은 음이온이 되기 쉬운

● 정형곤,『글로벌 반도체 공급망 재편: 중국 반도체 산업의 현황과 전망』, 대외정책연구원, 2023

물질이다.

　통상 소재사에서 제품사로의 납품 통과 기준이 순도 99.8%이고, 금속이온은 10억분의 1ppb, Percent per bilion기준 1% 이하, 음이온은 100만분의 1ppm, Percent per milion 기준 0.5~1%이다. 이는 현재 반도체 제품의 미세화를 반영하지 못한 결과이다. 여기에는 회사들끼리 다른 욕망이 투영되어 있다. 소재 회사의 경우 순도를 세밀하게 관리할수록 생산 단가가 올라가게 된다. 반도체 제품회사에서도 소재의 순도까지 미세하게 대처하기는 어렵다. 게다가 연구개발의 의사결정만 중요시하다 보면, 수율 확보를 위한 고심까지 하지 않는다. 그러면 소재는 일반적인 관리 기준을 만족하면 무리 없이 제품사로 입고된다. 여기서 연구개발을 통해 소재를 선정하는 부서와 실제 소재를 관리 운영하는 부서가 다르다는 것이 순도 확보에 회색지대로 작용한다. 관리 운영 부서는 순도 있는 소재 공급에 대한 관심이 없다. 소재가 누출되는 등의 환경 안전사고를 빼고, 제품 수율에 연관성이 있는지 고려하지 않는다. 자신의 관리 영역을 벗어나 일만 가중되기 때문이다. 소재를 선정하는 기술 부서는 어느 정도 인식할 수 있으나, 900개 복잡한 공정 중에서 굳이 자신들의 맡은 공정에 문제가 있다고 언급할 이유가 없다. 수율 저하 측면이 다른 곳에 있다고 하는 것이 자신들이 편한 방식이다.

　결국에 더욱 순도 있는 소재를 요구하려면 소재 순도와 수율 간의 관계를 알아야 하고, 수율 영향성 아래서만 순도를 미세하게 관리할 방식이나 센서, 계측기들이 활용될 필요성이 생긴다. 그러기 전까지 누구도 복잡한 설비와 핵심적인 부분을 선정해서 일일이 센서를 달려고 하지 않을 것이다. 반도체에서 불필요한 물질의 검출은 두가지 절차를 통해서 드러난다. 공정상에서 파티클 기준으로 측정할 수 있고, 공정을 마친 웨이퍼의 수율을 기준으로 측정할 수 있다. 순도에 문제가 있는 공정의 파티클이 진행한 뒤에 직접 검출할 수 있는 경우는 그나마 소재 순도와 공정 영향성을 파악할 수 있지만, 순도가 수율에 직접적인 영향을 주고, 불순물들이 어떻게 제품에 악영향을 끼치는지는 끝없는 추적조사를 통해서만 가능하다. 결국, 반도체 제품을 만드는 회사의 실력이 없으면 순도와 수율 관계는 밝혀지기 어렵게 된다.

③ FAB의 정밀 기술: 습도, 기압, 온도

반도체는 가장 작은 제품을 만들어야 하지만, 반도체 생산은 가장 거대한 FAB에서 만든다. 미국 대통령 트럼프가 문재인 정부 때 한국을 방문해서 헬기를 탔을 때 "도대체 저게 뭐야?"What the hell is that? 물어보면서, 놀랐던 장소가 삼성전자 평택사업장이다. 가로길이가 500m를 훌쩍 넘는 거대한 공간에서 반도체 장비들이 들어가 있다. 어느 하나 하찮은 장비나 공간이 없다. 왜냐하면, 반도체 현장에서 단순히 파티클이 '어느 정도 수준이다'는 청정도를 넘어서서 반도체 수율에 영향을 미치지 않는 곳이 없다. 아무리 맑은 물이라도 미량의 독극물이 들어가면 그 물은 마실 수가 없는 것과 마찬가지다. 이제 반도체 현장은 그간 설계와 공정을 중심으로 하는 머리를 중심으로 하는 것이 아닌 온몸의 현장을 고려해야 한다. Top Down의 관리가 아니라

Bottom up의 관리이며, 실제로 집을 짓는 이들과 그림으로 집을 만났던 이들이 집을 전혀 다른 방향에서 그리듯이, 현장은 머리에서, 웨이퍼에서 그리는 것이 아니라, 발부터 건물 외벽부터 그려야 한다.

라인에는 사람들이 그득했다. 그들은 방진복과 방진모를 썼다. 인간이라는 유기물을 가장 싫어하는 반도체에서 청정도가 높은 라인 환경을 만드는 일은 필수적이다. 방진복에서 흘리는 땀까지 수율에 영향을 미칠까 전전긍긍했던 이들의 몸짓은 첫 번째로 물류 자동화로 몰리면서 많은 이들이 라인에서 떠났다. 사람이 아무도 없이 소음마저 공정에 영향을 미치기 때문에 조용한 이곳에서, 물질 혹은 물질의 파동 형태인 에너지는 공정에 거대한 영향을 미친다. 인간이 측정 가능한 모든 것을 디지털화해서 자동화하려는 욕망이 반도체 제품 발달을 이끌더라도, 이를 만드는 반도체 현장은 그 욕망에 걸림돌이 발생하는 불필요한 반응과 물질들을 제거하려는 끊임없는 노력에 휩싸여 있다.

먼저 바깥에서 들어오는 물질은 외부 조건에 영향이 크다. 가장 미세한 반도체가 수 마이크로미터도 되지 않은 3차원 공간에 미세하게는 10nm에서부터 수 마이크로미터까지 물질을 만들어낸다. 세계에서 가장 복잡한 건축물에 불순물마저 없어야 한다면, 꼭 자신의 몸을 움직여서 로봇 팔 다리를 뻗는 아바타 로봇처럼, 반도체의 복잡한 배선만큼 반도체 현장, FAB의 복잡한 배관 또한 불순물이 없어야 한다. 900개 공정 조건을 아무리 수천 명의 연구원들이 근무하는 연구소뿐만 아니라, 거대 생산 라인은 세밀한 장비들이 전면에 깔려 있다.

다시금 그곳에서 PV=nRT_{ideal gas law, 압력, 부피, 물질, 온도에 대한 공식}를 따져야 한다. 압력과 온도 그리고 물질이다. 첫 번째, P인 압력이다. 반도체 라인에서 압력은 매우 중요하다. 코로나 시기 음압병동이 있어서 바깥보다 병동이 압력이 낮아야만, 병동의 코로나 바이러스가 섞인 공기가 바깥으로 나가지 않는 방식과 정반대로 압력을 조정해야 한다. 압력은 파티클 관리를 위해서 양압관리가 가장 중요하다. 그래서 통상 외부압력보다 0.5mmAq(H2O)이상 높도록 수치를 정해 놓고 자동장치를 활용해서 외압에 맞도록 해야 한다.

그렇지만 여름에는 저기압과 장마전선이 있어서 통상 기압이 낮다. 태풍이라도 불거나 겨울에 차가운 고기압이 있을 때, 그 차이는 크다. 그리고 한국의 반도체 현장을 떠나서 미국이나 중국으로 해외 생산기지를 착공했을 때, 고도 차이에 의한 기압 차이가 발생하게 된다. 삼성이 처음 메모리 반도체 현장을 만들기 위해서 1998년 만들었던 텍사스 오스틴 법인_{SAS: Samsung Austin Semiconductor}의 고도는 200m 전후였으며 반도체 제품이 100nm 이상이었기 때문에 생산 단지 셋업에만 박차를 가하면 됐었다. 그렇지만 반도체 제품이 30nm 이하로 줄어들게 됐을 뿐만 아니라 중국 시안의 법인인 SCS_{Samsung China Semiconductor}은 고도가 400m를 넘었기 때문에, 압력 조정이 미세한 공정일수록 한국에서 진행했던 공정의 이관에 상당한 어려움을 겪었다. 왜냐하면, 반도체 생산 설비나 시설은 외부와 막혀있긴 하나, 근본적으로 정화된 공기와 물질이 유입_{intake}되어 들어오고, 정화해서 다시금 바깥으로 배출_{exhaust}되어야 하기 때문에 공정 압력은 외부에 영향을 받는다.

통상 400m로 가정했을 때, 지표면 대비해서 약 40hpa 정도 압력 차이가 난다. 이는 전반적으로 라인 압력이 낮아지는 데 영향이 있다. 그리고 설비 또한 물질이 유입되는 배관의 압력에도 미세하게 영향을 미친다. 외부 압력 차이에 따라서 실제 인가하는 압력이 달라지고, 이는 화학반응에 영향을 미칠 수밖에 없게 된다.

날씨가 추워지면 감기에 걸리듯이 겨울에 기압이 올라가면 라인에서는 조금 알 수 없는 사고들이 생긴다. 배관단에서 압력이 증가한 탓에, 액체 물질이 설비 반응기로 기화가 되는 것이 어려워져서 물질 유입이 어려워지거나 압력 증가로 부피 대비 물질의 입자 수가 더 늘어나게 된다. 갑작스럽게 증착 공정의 압력이 증가해서 공정 트렌드가 상향되어 불량률이 증가하게 된다.

두 번째로, T인 기온이다. 기온 또한 영향이 크다. 4계절이 상당히 뚜렷한 우리나라는 계절적 변화를 숙련된 엔지니어들은 인지하고 있거나 암묵적으로 해결책으로 대응한다. 삼한사온 현상처럼 3일 동안 기온이 떨어졌을 때 문제가 발생해서 사고를 수습하고 원인을 마련하려고 하려는데 자연스럽게 기온이 올라가서 원인도 알지 못한 채, 설비가 갑자기 며칠 상태가 안 좋았다거나, 계절적 원인이라며 뭉뚱그린 채로 넘어간다. 특히 4계절에서 여름과 겨울은 반도체에서 상당량의 물을 사용하는 공정에서 부피와 성질의 변화가 생긴다.

라인의 온도는 섭씨 25도 정도로 관리하게 되어있지만, 여름에 에어컨을 틀어서 25도에 맞추려고 한다면 26도보다 엄청난 전력을 써야 한다. 암묵적으로 여름에 25도를 꼭 맞추지 않는 방향으로 하며, 동시에 겨울에는 난방비 부담이 엄청날 수밖에 없다. 이러한 공정상 영향성 평가가 미진한 온도 영역의 경우 특별한 기준 없이 FAB 운영을 하고 있다.

셋째, n인 물질이다. 특히 물질은 불순물뿐만 아니라, 원하지 않는 대표적인 물질인 '습도' 측면에서 고려할 방향이 많다. 습도는 불순물과 수율에 영향이 크다. 물론 낮을수록 좋지만, 그렇다고 해서 무조건 낮으면 정전기 이슈가 생긴다. 바싹 마른 겨울에 정전기가 심한 것을 보면 쉽게 눈치챌 수 있다. 정전기는 웨이퍼에 원하지 않는 전극이 만들어져서 파티클이 쌓일 위험이 있다. 정전기를 일정하게 관리할 수 있는 장치인 이온아이저Ionizer가 TSMC 생산 현장에는 모두 배치되어 있다. 특히 증착 공정 등에서는 정전기 유무가 수율과 파티클의 영향이 커서 현장에 이슈가 되고 있다.

습도의 영향은 특히 습도에 영향이 큰 공정에서 강조된다. 해당 설비 주변에는 습도계를 활용하고 있으며, 특히 습도 영향이 큰 공정들이 있다. 첫 번째, Metal 공정이다. Metal은 습기가 있으면 바로 저항의 문제가 생기고 과반응성에 따른 공정 변화폭이 크다. Metal 공정 Bay에는 별도의 습도 관리하는 장치가 마련되어 있다. 그래서 공정이 진행된 뒤에 일정 시간이 니자면 공기 중에 있는 습기나 산소와 반응을 할 수 있기 때문에, 공정 대기 시간마저도 시스템 관리를 진행하고 있다. 녹스는 것과 유사하다. 두 번째 확산 공정이다. 워낙 막질이 소자를 만들기 때문에 옴스트롱 하나에도 예민하다. 해당 공정에서는 습도와 라인 내 대기 시간, 특정 파티클 오염정도를 측정해서, 수율과 상관관계를 비교하고 있다. 제품의 수율이 더욱 민감한 시스템 반도체 생산하는 파운드리 업계가 예전부터 오랜 준비를 해왔고 라인내의 습도 관리에 만전을 기하고 있다.

반도체 공정은 통상 공정 전후에 파티클이 30개 이상 증가했을 때, 공정상 인터락이 걸리게 된다. 그래서 원인 분석에 들어간다. 설비 엔지니어는 FDCFailure Detection Classification 시스템에서 어떠한 배관이나 부품에서 잘못된 흐름이나 오류값이 있는지를 확인한다. 공정 엔지니어는 동일 공정이 지나간 설비와 공정 조건을 비교하거나 전후 공정의 오류가 없었는지를 확인한다. 소위 공정과 설비 엔지니어들이 문제점 해결을 위한 Tracing에 들어간다. 이는 괴로운 작업일 수 있다. 생각지도 않았던 곳에서 문제가 발생하는데, 온도와 습도 변화까지 볼 겨를이 없기도 하다. 온도, 습도, 기압 등이 맞지 않는 것은 근본이 흔들리는 것이기 때문이다.

PART 4

영웅들에게서
다시 배운다

반도체의 영웅은 누구인가

2009년 10월 31일, 삼성전자는 창사 40주년을 맞이했다. 그러면서 2020년까지 VISION2020을 달성하겠다는 목표를 세웠다. 꼭 10년 전이었던 세기말에는 매출 100조 원 돌파, IT 업계 Top3 진입 목표를 세웠다. 메모리 반도체 시장의 출혈경쟁을 통해서 원가보다 판가를 싸게 팔았던 치킨게임이 벌어졌던 2008년에 영업이익률은 저조했지만, 2007년 98.5조 원 대비, 2008년 121.3조 원의 매출액을 거두면서 2009년의 목표를 달성했다.

2008년 보통 연봉의 50%가 나와야 하는데, 연봉의 2.2%가 나오면서 1,600만 원에 육박했던 성과배분금PS, Profit Sharing이 22만 원이 나와서 야근비인지 회식비인지 구분이 되지 않던 시기, 2009년에는 급격한 반등을 기록하면서, 보너스는 단번에 최고액을 받게 되었고, 창사 40주년을 맞이해서 새로운 비전을 만들어 갈 수 있었다.

나는 인사 담당자로서, 임직원들에게 2010년 3월부터 전사원 교육을 운영했다. 목표는 크게 두 가지였다. 첫 번째, VISION2020에 대한 선포, 이에 따른 개인과 조직의 비전 수립이었다. 나는 서른 살에 그려놓은 커리어 로드맵을 공개하면서, 회사와 함께 성장하자고 벅찬 마음을 전달했다. 두 번째, Pride in Samsung이라는 교육 내용에서는 노동조합에 대한 우회적 비판의 내용이 실렸다. 담당자들은 미리 촬영한 임직원 인터뷰 영상자료를 통해 "최고의 대우를 해주는데, 굳이 노조가 있을 필요가 있을까요?"라는 내용을 전달했다. 나는 긍정도 부정도 하지 않는 방관자 역할을 했다. 느낌상 강의장은 조금 조용해졌다.

'한 명의 천재가 수십만 명을 먹여 살린다'는 고 이건희 회장의 천재 경영론은 상당한 파급효과가 있었다. 특히 반도체 산업의 후발주자로서, "일본을 삼켜버리러 왔다"는 진대제 박사를 비롯, 애국심과 애사심이 가득했던 유학파들과 산업 성공 여부를 명확히 알 수 없었던 때 뛰어들었던 사람들이 있었다. 해외 사업장에서 찬밥 대우를 받으며 기술력을 배웠고, 초기 반도체 인력들은 실패할 위험보다는 도약할 생각을 했다. 마법사의 돌이라는 별칭의 반도체는 마법으로 만들기 어려울 정도의 복잡한 상품인데, 천재로 불리는 몇몇 사람들과 그들만큼 애쓰고 있는 사람들이 그 난관을 지탱하고 있었다.

동시에 이견의 여지가 상당히 있지만 삼성은 노조를 없애야 한다는 '무노조' 경영이 아니라 노조가 아닌 '비노조' 경영 기조를 유지했다. 한국 사회의 사상적 기울어진 운동장으로 노동자가 전인구의 85%에 이르는데도, 노동조합 가입 비율은 10%를 넘지 못하고 있으며, 기업가 마인드는 강조하면서 노동인권은 꺼려지고 있는 상황에서 충분히 짐작할 만한 하지만, 유난히 강력했던 비노조 경영은 불세출의 영웅 이건희를 중심으로 내부적으로 강고한 합의를 이루고 있었다.

삼성전자가 처음으로 매출 100조 원이 넘어서 전 임직원에게 특별 보너스가 지급되었던 2003년 삼성경제연구소의 보고서에서는 삼성의 경영전략을 하이브리드 경영이라고 명명했다. 곧, 미국식 성과주의와 일본식 연공서열을 둘 다 적용하는 독특한 구조라고 평했다. 그런데 성과가 높으면서도 주변을 살피며 연봉이 높지 않더라도, 연공서열을 견딜 수 있는 사람들이 있기 때문에 하이브리드 경영이 가능한 것이 아니었는가? 수많은 비효율이 발생하면서도 성장과 성과가 나온다는 믿음이 있었기 때문에 그 경영이 가능한 것이 아니었는지 묻지 않을 수 없다.

다시 말해서, 반도체 산업의 후발 주자로서 앞서게 된 이유는 분명히 뛰어난 리더가 강력한 의지와 선제적 투자를 통해서 가능했다는 것은 인정할 수 있으나, 한국 사회라는 문화적 특성은 상당폭 강력한 토대가 됐다. 능력주의의 신봉과 일정 정도 불평등을 받아들이는 형태, 그러면서도 타인과 비교에 민감한 스타일은 국가 발전이나 경제 성장에 대한 강력한 의지가 한 방향으로 일치했음은 역사적으로 실증적으로 증명이 된다. 동시에 하이브리드 경영 또한 그 일정 정도 공동체가 같이 나누는 인식이 있음을 시사한다. 연공서열을 통해서 선후배 관계가 명확하면서도 어떻게 뛰어난 이들을 인정할 수 있게 되었나? 거기에는 몇몇 뛰어난 천재들의 성취는 물론, 목적지가 모두에게 열려 있는 기회의 장, 돌파할 수 있고 결과를 차별적으로 받아들이겠다는 무모함은 오랜 근로 시간을 견디면서도 자신에게 돌아오는 이익이 적다고 하더라도, 공동체의 일원으로 함께 한다는 인식이 있었던 특정한 시기라고 볼 수 있다.

천재 경영과 비노조 경영, 그리고 하이브리드 경영이라는 것이 한국 반도체 산업을 지배했던 시기가 있었다. 그러나, 일했던 이들이 숨겨진 천재였고, 영웅이 아니었겠는가? 30여 년 메모리 반도체에서 1등에 오르게 되는 성취는 '전력 질주 마라톤'과 같은 모순적인 노동과 헌신 아래에서 가능하지 않은가?

위의 3가지 경영의 키워드는 많게 회자하고 있으나, 삼성 VISION 2020의 경영 3가지 목표는 아는 이가 많지 않다. 창조경영, 파트너십경영, 인재경영이다. 창조경영은 결국 새로운 가치를 창줄하려는 경영전략, 인재경영은 여전히 이해되는데, 삼성에서 2010년에 이르러 파트너십경영을 도모하려고 했다. 그렇지만, 사람들은 파트너십 경영을 특히 기억하지 못한다. 협력사와 더불어 성장하고, 생태계를 확충하려는 노력은 일종의 결실은 있었지만, 끈끈한 협력관계는 달성했는가?

삼성이 반도체 산업의 치킨게임을 마무리하면서 업계 Top3가 되었던 2009년 마지막 날, 이건희 회장은 원포인트 사면으로 경영일선에 복귀했다. 2010년 5월에는 화성사업장 16라인 기공식에 참석해서, 삽으로 모래를 펐고, 그 이듬해 2011년 9월에는 16라인 메모리 양산 기념식에 참석해서 모래로 만든 반도체 웨이퍼를 선물로 받았다.

메모리 반도체 산업의 특성상 부침은 있었으나, 2013년, 삼성은 영업이익률 200조 원을 넘기고, 영업이익률이 15%를 상회했다. 이건희 회장은 다시금 2014년 3월2일, 승격자 발표가 나고 새로운 과제가 시작되는 아침, 사내 인트라넷에 등장했다. "10년이 지나면 삼성이 가진 모든 제품은 사라질지 모른다. 등에 땀이 난다. 다시 뛰자"는 말을 전달했다. VISION 2020을 주창한 지 5년이 되지 않은 시기, 위기의 말은 양면성이 있었다. 어떤 이는 의지를 장전했을 것이고, 나는 더 이상 그 위기의 파고에 끌려들어 가고 싶지 않아서 퇴직을 결심했다.

꼭 10년 뒤인 2019년 삼성은 창립 50주년 기념식에 VISION2020이 절반의 성과를 거두었다면서 종료를 선언했다. 매출 400조 원을 달성하지는 못했지만, 글로벌 Top5의 브랜드 가치를 거두게 되었다. 창조경영, 인재경영을 이뤘는지는 찬반의 여지가 있지만, 특히 파트너십 경영이 의미 있게 진행됐는지는 의문이다. 어떤 이유에서건 삼성은 '상생'을 다시금 강조하면서, 특별한 수치적 목표는 제시되지 않았다. 불세출의 영웅 이건희는 2014년 5월 쓰러졌고, 2020년에 세상을 떠났다.

그의 마지막 발자국 또한 화성사업장이었다. 운구차로 달려 나온 많은 이들은 눈시울을 붉히기도 했다. 강력한 빛이었던 리더, 그의 사라짐은 한 시대, 아주 좁은 가능성으로서 성공 경험이 계속될 수 있는가에 대한 해결되지 않는 의문을 남겼다. 아직도 '회장님이 계셨다면'이라는 기사와 용어들이 난무하는 시기, 꼭 한국 사회의 유례없는 발전이 정말 좁은 틈을 뚫고 나왔던 확률처럼, 반도체라는 '타이밍 사업'에 적합했던 '타임(시기)'이 혹시 끝나는 것은 아닌지, 리더이든 임직원이든 각자의 몸속에서 그 불안은 사라지지 않는다. Vision은 무엇이고, 리더는 누가 있으며, 어떻게 하는 것이냐고 쉬쉬하며 묻는다.

반도체 산업 초기 분명히 뛰어난 리더와 천재적이면서도 헌신적인 연구자들이 있었기에 초석을 닦을 수 있었다. 한국 반도체 산업이 50년이 되었고, 세계 반도체 산업이 태동한 지 70년이 된 지금, 천재와 영웅의 재림에 기대는 것이 아니라, 진짜 영웅과 천재를 빛나게 했던 가려진 인물들을 조망해 보는 것이 세계사적으로도 독특한 한국의 발전, 그중에서 한국 반도체 산업의 발전의 불씨를 꺼뜨리지 않는데 필수적이다.

한 줄 핵심 요약

산업 태동기 이름난 영웅과 천재들이 있지만, 동시에 그들과 함께 헌신했던 이들이 반도체 산업 어딘가에 있었다. 그들이 무엇을 지켜왔는가, 돌아볼 시기이다.

기억해야 할 반도체 천재들, 강대원과 강기동

1965년 무어의 법칙을 공표했을 처음에는 18개월 만에 반도체 성능 향상이 2배가 될 것이라 하다가 1975년에는 한발 물러서게 된다. 24개월, 곧 2년 만에 성능이 2배씩 향상된다고 밝혔다. 그 또한 그 기간도 10년으로 제한했지만, 이것이 반도체 업계를 지배하는 법칙이 되리라고는 생각하지 못했다.[*] 그러던 와중에 백열등 전구처럼 복잡한 전기배선이 있고 금속이 감겨있는 조립품에서 획기적인 변화가 일어났다. 그것은 전자기학을 전공한 이들이 아니라, 화학물질을 다루던 진 호에르니Jean Hoerni의 아이디어에서 시작됐다. 트랜지스터가 아직 상용화되지 않고, 2차대전 이후 군비경쟁에 최일선으로 활용되었

● 제임스 애슈턴 지음, 『ARM, 모든 것의 마이크로칩』, 백우진 옮김, 생각의 힘, 2024, 53쪽

는데, 그는 미국의 탄도미사일 궤적계산을 하고 목표까지 날아가는데 견딜 수 있는 트랜지스터를 만들기 위해, 실리콘옥사이드SiO2를 보호막으로 쓰자고 제안했다. 여기에 인텔을 창업한 3명 중에 하나인 로버트 노이스가 그간 구리 도선을 없애고 금속 패턴을 만드는 방식으로 트랜지스터를 연결하자는 제안을 했다. 트랜지스터를 하나도 몰라서 배우기 급급했던 물리학도는 어느새 반도체 집적화의 첫 신호탄을 올리게 됐다.

크게 보자면 스위치 변화가 반도체 초기의 격변이 일어났다. 앨런 튜링의 기계식 장치, 램프나 진공관으로 1,0을 표시하다가 금세 나방이 날아들거나 진공관이 터져버려서 고장이 잦았던 ENIAC 그리고 폭탄의 카운트다운을 할 때, 노란색, 빨간색 두 배선 중 하나를 펜치로 끊어야 하는 것 같은 모양을 한 트랜지스터에서, 스포이드로 용액을 붓고, 웨이퍼를 구워서 만드는 어설픈 모양이었지만, 실리콘옥사이드와 금속 패턴이 있는 트랜지스터가 나오게 됐다. IQ 테스트로 사람을 뽑으면서도, 자신이 뽑은 사람마저 신뢰하지 않았던 윌리엄 쇼클리는 트랜지스터를 발명했다. 그는 1965년에 노벨 물리학상을 받게 되지만, 누구에게도 찬사를 받을 수 없었다. 프린스턴에서 종신교수가 되어 은퇴할 때까지 그는 엘리티즘을 꺾지 않았다.

그렇지만 그가 만들었던 트랜지스터의 발명이 산업에 들어가려면 안정적인 동작을 수행해야 한다. 유리관에 들어가서 금세 끊어질 듯한 필라멘트를 닮은 스위치가 아니라, 물질적 안정성이 필요한데, 우생학적 인종차별주의자 쇼클리의 잘못된 신념과 달리, 안정적인 스위치는 두 동양인의 손에서 나왔다. 1959년 이집트 카이로 대학에서 온 무하마드 아탈라와 강대원 박사는 벨 연구소에서 모든 반도체 산업의 시초가 될 발명품 MOSFET(모스펫)을 만들어낸다. 이는 현재까지도 활용되는 스위치로, Metal Oxide Semiconductor Field Effect Transistor 의 약자이다. 곧, 계전 효과Field Effect를 금속Metal과 산화막Oxide, SiO2으로 만들어진 스위치가 조절할 수 있는 스위치이다. 계전 효과는 우리가 알고 있는 힘 중에서, 탄성력과 마찰력은 접촉했을 때만 작용하는데, 전기력, 자기력, 중력은 접촉하지 않아도 작용할 수 있다. Metal, Oxide로 만들어진 스위치만큼 멀리 떨어진 곳에 전자가 달리 분포된 영역이 있다. Metal인 스위치에 전기에너지를 가하게 되면, 그 힘이 산화막으로 떨어진 영역까지 영향을 미치게 되면서 전자들이 이동할 수 있게 된다. 그러면서 스위치가 켜지게 된다.

필라멘트, 유리 공간처럼 깨지고 끊어지기 쉬운 물질에서 트랜지스터는 금속, 산화막이라는 물질과 전자라는 신호에 따라 움직이는 물질로 명확하게 구분할 수 있게 된다. 현재의 반도체보다는 엄청나게 큰 20um$^\bullet$ 크기의 반도체이고 이후에 많은 금속과 산화막의 변화가 일어났지만, 개념 설계는 변하지 않았다.

● 마이크로미터로써, 10-6m이다. 통상 머리카락 굵기를 100um라고 한다. 반도체 제품은 태동기에 마이크로미터 단위로 스위치를 만들다가, 1990년대에 이르러서, sub micrometer 단위인 나노미터(nanometer 10-9m) 크기로 스위치를 만들기 시작한다. 2024년 현재 12nm 정도의 스위치를 만들고 있다. 이것도 이후에 설명하겠지만, 설계의 이미지가 아니라, 물질을 가공할 수 있는지에 달린 한계이다.

단위 기간에 기하급수적인 반도체 제품개발은 트랜지스터를 발명한 편집증적인 쇼클리도, 그를 피해서 도망을 나와 페어차일드 반도체를 만든 8명만으로 진행할 수 없었다. 1960년대 집적회로를 만들기 위해 특수한 환경을 조정해서 양산에 성공한 회사는 여전히 건재한 미국 반도체 회사 텍사스 인스투르먼트Texas Instrument이다. 사업 수완이 좋았던 공학도는 라디오 납땜보다는 이것이 산업의 미래임을 직감하고 실리콘 기판 위에서 화학 공정을 기반으로 이산화규소를 만들고, 금속 배선을 구성해서 작은 웨이퍼에 칩이 4개가 만들어질 수 있는데 성공하게 된다.•

고든 무어가 1965년 4월 19일 무어의 법칙을 공표했을 때, 바로 페어차일드, 텍사스 인스투르먼트의 성공과 실패를 목격했고, 1968년 인텔을 창업했을 때는 이미 그 법칙의 실현을 위한 마음의 준비가 끝나 있었다. 마음먹은 대로 행동하는 지행합일은 개인에게도 어려운 일인데, 기술 발달사의 중요한 사건 중에 하나인 이 법칙은 혼자서 할 수 없다. 왜냐하면, 반도체 제품의 집적화는 스위치인 트랜지스터의 미세화에 달려있다. 미세화는 스위치를 점점 작게 만드는 일에서 시작한다. 강대원 박사가 만들었던 스위치를 줄여나가는 일은 '말'로만 되지 않았다.

반도체 업계에서 강대원 연구자가 29세로 박사학위를 취득하기 전에 이미 유명해져 있었다. 2017년부터 국내에서 그의 이름을 기린 강

• 마이클 말론 지음, 『인텔 끝나지 않은 도전과 혁신』, 김영일 옮김, 디아스포라, 2016

대원상도 제정되어 있다. 그렇지만, 잊혀진 천재가 있다. 강대원과 같은 대학으로 온 강기동은 그와 특별한 연을 맺었다. 우리나라 1호 아마추어 무선 무전기 자격증 취득자 강기동은 어릴 때부터 기계장치 수리를 도맡아 했었다. 그의 아버지는 경성방직에서 옷감을 만드는 방직기 공장장이었는데, 그의 아들이 이후에 씨줄과 날줄처럼 복잡하게 이어진 반도체 전문가가 될 줄 알았던 것일까?● 비행기 티켓 값이 1년 치 생활비와 맘먹었던 최빈국의 시기, 강기동 박사는 국비 유학생도, 유력한 집안 출신도 아니었다. 강대원 박사와 우연히 같은 학교를 다녔고, 오하이오 주립대학교 박사과정을 통해서 친분을 쌓게 됐다. 강대원 박사가 그의 결혼식 피로연 사회를 맡아야 할 정도였다.

이미 MOSFET으로 반도체 업계의 최일선에 있었던 강대원 박사는 반도체 실제 제품 제작에 관심이 많았던 강기동 후배를 설득했다. 그렇지만 강기동 박사는 무전기를 만들고, 기계장치를 만들던 소위 '손맛'을 잊을 수가 없었고, 개념 설계보다는 손으로 만질 수 있는 일에 관심이 많았다. 'IBM 연구소에 가서 대우받으면 되지, 군이 모토롤라에 가서 제품을 만들려고 하느냐'는 강대원 박사의 조언도 있었지만, 그가 관심 있는 반도체 제품 생산에 몰두하기로 마음먹고, 모토롤라에 지원하게 된다. 강기동 박사는 1965년 LED 소자를 만들었던 노벨상 수상자만큼이나 강대원 선배를 극진히 대접하는 모습을 보고, 강대원 박사가 미국에 있는 일본 반도체 회사 NEC의 연구소장이 되

● 강기동 저, 『강기동과 한국 반도체 : 강기동 자서전』, 아모르문디, 2018

226

는 모습을 목격했지만, 자기 모습을 찾으려고 했다.

전자산업이 태동하고 우후죽순으로 기업들이 생겨나고 있었다. 여전히 진공관 수리에 열을 올리는 기업도 있었고, 구리 도선을 이어 붙여서 전자제품을 만드는 기업도 있었다. 텍사스 인스투르먼트가 제품 생산을 시작했고, 모토로라도 신생기업으로서 강대원 박사가 설계한 MOSFET을 실현하기 위해서 연구소를 설립했다. 강기동 박사는 때론 대학의 연구소, 벨랩, IBM과 같은 반도체 설계의 핵심 공동체가 속하지 못한 것을 안타깝게 생각했었다. 세계 각국의 나이스한 엘리트들이 모여서 겉으로 드러나게는 배려하는 태도를 보이기라도 했지만, 새롭게 만들어지는 반도체 생산의 각축장에서 서로는 경쟁상대였고, 사람들은 자신의 위치와 성과를 위해서 강기동 박사를 무시하려고 했다. 외국인이며 동양인인 위치는 결국에 유창한 말이 아닌, 눈에 보이는 결과로 보여줄 수밖에 없었다.

반도체 생산은 무전기처럼 전기 신호를 주고받는 일이 아니라, 전기 신호를 표시할 스위치라는 물질을 만드는 일이다. 그래도 강기동 박사는 처음에 덩그러니 사무실에 자리만 있었는데, 물질을 만들기 위한 공정 엔지니어, 설비 테크니션, 운영을 위한 오퍼레이터가 필요했고, 조금씩 사람들이 모여들기 시작했다. 제품 생산을 위해서는 MOSFET을 만들기 위한 실리콘 웨이퍼, 실리콘을 산화한 산화막 그리고 스위치 역할을 하는 금속이라는 물질과 이들을 원하는 대로 만들어야 하는 반응기로 이뤄져 있다. 반도체 생산의 초창기에 강기동 박사는 스위치의 핵심 물질을 가공하기 위해서 웨이퍼를 만드는 오븐 같은 장치를 고안했고, 이 반응기에 제대로 물질이 입혀질 수 있도록 압력과 온도가 균일하게 나올 수 있도록 펌프와 열장치를 개발하고, 가스의 흐름과 순도를 맞추기 위해 배관을 설계하고, 이에 따라 만들어진 스위치의 품질을 높이기 위해서 열중했다.

경쟁사였던 텍사스 인스투르먼트가 품질 불량이 너무 심하게 일어나서 대안의 회사를 찾고 있을 때, 모토로라는 미 국방성의 비밀 프로젝트와 협업할 수 있는 최첨단 트랜지스터 개발에 참여하게 되었고, 강기동 박사는 실력을 보여주며, 성공했다. 은연중에 인종차별을 했던 이들도 강기동 박사를 인정할 수밖에 없었으며, 모토로라는 반도체 생산에 있어서 최선두에 서게 된다. 강기동 박사가 맡았던 연구소 부서 명칭은 표면 연구surface studies였다. 역사에서 현대 철학의 기반을 닦았지만, 나치에 영합했다는 이유로 오랫동안 사회적 목소리를 내지 못했던 마르틴 하이데거처럼, 트랜지스터를 최초로 발명했지만 끝까지 우생학을 포기하지 않아 역사적 명성과 오명이 교차하는 쇼클리도 있다. 그만큼의 명성은 아니지만, 강기동 박사의 연구를 끝까지 지지하며 반도체 산업의 초기 성공모델을 만들었던 모토로라의 호건 레스터 박사가 Surface Studies의 이름을 붙여줬다. 반도체 산업의 생산품인 트랜지스터는 전자산업 기술의 총아이지만, 트랜지스터는 화학반응 물질과 반응기가 기반 아래서만 생산할 수 있다.

강기동 박사는 모토로라의 성공모델을 기반으로 고국에 반도체 회사를 만든다. 1974년 탄생한 '한국반도체'는 국내 최초로 트랜지스터를 직접 양산할 수 있는 반응기와 물질을 들여왔다. 그렇지만 어떠한 산업인지 이해하는 경영자도 정부 담당자도 기술 전문가인 교수들도 없었다. 매일 반도체 산업이 무엇인지 설명하러 다니면서, 투자비를 소진하지 않으려고 밤낮으로 반도체 생산에 매달리려고 했다. 큰 뜻을 품었던 강기동 박사는 사업에서 좌절하고 마는데, 산업이 무엇인지 알지 못하는 이들을 설득하기 위해서 반항적인 히피 같았던 장발을 자르고, 철권통치를 하며 모든 의사 결정권을 쥐었던 박정희를 만나기도 했다. 결국에 '한국식 사업 방식'에 적응하지 못하고 헐값에 '한국반도체'를 삼성그룹에 매각하게 된다. 매각될 시기에도 자신이 생각했던 트랜지스터를 만들려고 작업복을 입으며 제품에 몰두했던 이는 손때묻은 반도체 장비와 더이상 만날 수 없게 되고, 서류로 그가 이뤘든 성취를 모두 빼앗겼던 아픔은 여전히 그에게 남아있다. 미국 방성의 비밀 프로젝트를 했던 경력은 그에게 미국 반도체 업계로의 재편입을 어렵게 만들었는데, 메카시즘의 여파가 여전히 남아있는 냉전 시기와 맞물려 그는 먹고 살기 위해 반도체 생산이 아닌, 다시금 라디오 수리공으로 돌아갔고 거대한 학계의 명성이나 사업의 성공도 없이 역사 속에서 사라지게 됐다.

TSMC의 모리스 창보다 일찍이 더 우수한 성능으로 한국에 반도체 생산 단지를 만들어냈던 강기동 박사는 자서전에서 안타까움을 드러냈다. 1974년에 매각한 반도체 라인은 최신 기술이었던 CMOSComplementary Metal-Oxide-Semiconductor 상보형 금속 산화 반도체를 만들 수 있는 세계 최초의 산업 현장이었는데, 1983년 DRAM을 산업 전반에 등장시켰을 때, CMOS 기술이 없이도 가능한 범용 반도체에 가까웠기 때문에 그의 아쉬움은 당연하다. 삼성이 맡지 않았더라도 한국반도체가 TSMC와 같이 성장했으리라는 보장은 없다. 그렇지만 반도체 산업 초기, 그의 성취는 기억할 만하다. 그 토대 위에서 한국 반도체 산업이 움트고 있었음을 잊어서는 안 된다.

한국 반도체 설계의 강대원 박사, 한국 반도체 생산의 태두 강기동!

여성 제조 오퍼레이터

불세출의 경영자가 새로운 사회와 사업에 대한 감각을 통해 일으킨 반도체 산업은 과연 어느 나라에서나 성공이 가능했을까? 1988년에 삼성전자에 입사해서 2023년까지 35년간 근속했던 노동자는 365일 중에서 4일만 쉬고 일을 했던 경험, 3일 72시간을 연속으로 일하며 피오줌이 나왔던 기억을 말했었다.[●] 별 보고 나와서 별 보고 들어갔었던 그때, 임직원의 실력 향상을 위해서 이건희가 제시했던 74제는 출근 시간은 당겨졌으나, 퇴근 시간은 그대로여서 결국 근로 시간의 상승을 가져왔다. OECD 가입국 중에서 평균 노동시간이 가장 높은 나라라는 효율성과 효과성을 따지기 전에, 오랜 시간 근무는 목표

● 박준영, 『반도체를 사랑한 남자』, 북루덴스, 2023

가 정해졌던 추격자의 시기 톡톡한 공로를 세웠던 영역이었다.

　소위 선진국에서 주 40시간 근무가 진행되던 때, 우리나라에서 특히 반도체 기업에서 주 6일 근무는 당연한 일이었다. 전태일 열사가 가슴에 품었던 근로기준법은 1953년에 제정되었다. 법을 넘어선 정책을 만들어달라는 것도 아닌 법문을 제대로 지켜달라는 그의 외침이 그가 세상을 떠난 지 30년이 훌쩍 넘어선 2000년 김대중 정부에서였고, 이때 주 5일제가 법정근로시간으로 규정되지만 사업장 모두로 확산은 12년이 지난 2012년에서였다. 1953년 주 6일, 48시간 근로였다가 1989년 44시간으로 줄어든 시간이 2000년에야 40시간이 된 것이다. 전국의 경영자 단체들은 그 역효과를 들고 일어났고, 노동자를 근로자로 부르는 것에서 미뤄보듯이, 삶의 질보다 노동의 양을 중요시하며 노동자의 헌신을 강요했다. 다시금 반도체 산업 위기가 다가오자, 2025년에 경영계는 정치권의 힘을 빌려 40시간도 아닌, 법정 예

외 시간인 52시간 근무시간 제한조차 풀어달라고 들고 일어섰다. 결국 공론장에서 실패하자, 고용노동부는 세칙을 변경해서 64시간 노동이 가능하도록 했다.

나의 연구소 부서장은 여름휴가 중에도 회사에 나와서 점심을 먹었다. 회사 말고는 할 일이 없어서였다. 그에게 회사는 한낮 건물이 아니라 전부였다. 나이가 들어 세끼를 모두 가사 노동자에게 얻어먹는 삼식이를 피해야 하고, 이식이나 일식이만 해야 한다는 농담이 오갔는데, 이들 모두 가사 노동을 하지 않고, 임금노동에 매몰되어 있었던 현실을 드러낸다.

통상 반도체의 기술자들은 대부분 남성에 가까웠다. 성공을 부르짖는 경영자들부터 삼성에서 엔지니어는 모두 남성 중심이었다. 제품과 공정 엔지니어처럼 주로 대졸자 중심은 물론 설비 엔지니어처럼 주로 고졸자, 전문대졸자는 더욱이 남성들이 많았다. 대졸자 공채 여성이 1993년에 처음 들어오기 시작했다. 그러면 여성들이 없었는가? 수많은 고졸 여성이 반도체 현장을 달구고 있었다. 이들은 주로 '여공'이라고 부르거나 오퍼레이터Operator였다.

가사 노동의 가치 자체를 측정하기 거부했던 시기, 혹은 가사와 돌봄이 여성의 전형이라고 여겨지던 오랜 역사에서 집안의 똑똑한 여성들은 형편에 따라서 혹은 남자 형제의 유무에 따라서 자신의 역량과 상관없이 미래가 결정되었다. 그들에게 수도권의 은행원이 가장 1순위였고, 2순위가 대기업에 입사하는 방식이었다. 가부장제의 오랜 억

압으로 그들은 헌신적으로 상업고교 졸업 후에 오퍼레이터로 입사했다. 이들은 제조 오퍼레이터, 혹은 작업자로 불렸고, 약 10년 정도 경력이 쌓이면 오퍼레이터의 리더인 LGleader girl가 되어 오퍼레이터를 관리하는 현장관리자가 되었다.

주 6일 노동을 마다하지 않았던 이들과 그 현장의 보이지 않는 이들 때문에 반도체 산업의 성공이 가능했다. 반도체 산업을 제대로 시작하게 된 1983년, 그곳에는 매일 방진복을 입었던 여성 오퍼레이터들이 있다. 엔지니어들은 연구개발을 하고 설비를 유지보수하는 일을 하는데, 이공계는 '남성'이라는 편견과 무거운 물건을 들일이 많다면서 '남성'을 우대하던 채용 방식은 오랫동안 유지됐다. '여성'이 세심한 일에 어울리고, 엔지니어를 지원하는 일에 어울린다는 편견은 여성들에게 역량 대비 제한된 일을 요구했다. 머리로 할 일은 남성이, 그를 거드는 일이 여성의 일이라고 제한했다.●

그들은 오랜 시간 설비의 시간에 신체를 익숙하게 했다. 8시간의 교대 근무에서 그들은 자리를 비울 수 없었다. 그들은 공정을 모두 마친 설비에서 웨이퍼 상자가 나오면 지체없이 그들을 다음 공정으로 옮겨야 했다. 그들의 부재는 곧 생산 속도의 저하였다. 제조부서와 기술부서는 언제나 길항적 관계로서, 제조는 생산성이라면 기술 부서는

● Fraser, N, 『Feminism, capitalism and the cunning of history. In Citizenship rights』, Routledge, 2017, 393-413p

품질이었다. 제조는 '많이' 생산이었다면 기술은 '제대로'였다. 설비가 품질 저하가 되어 가동 중지에 걸리게 되면, 제조 담당자는 언제 생산 가능한지 채근했다. 그들은 생산과 품질 사이에서 경쟁했지만, 제조 담당자와 엔지니어 사이에 결혼을 하기도 했다. 그렇지만 남녀사위의 위계는 확실했는데, 여성 제조 담당자는 남성 엔지니어들에게 '선배'라고 칭하거나 '아저씨'라고 했다. 통상 남자 직원들이 군대를 다녀오기 때문이었으나 몇몇 여성들은 무턱대고 존칭하는 것에 불만이 있었다. 신참들은 선배라고 했고, 고참인 오퍼레이터들은 대졸 신입 엔지니어들이나 자기보다 입사가 늦은 이들을 일컬어 '아저씨'라고 불렀다. 남성들은 그렇다고 여성들을 '후배' 혹은 '아가씨'.'아줌마'로 부르지 않았다. 반도체 생산에 있어서 더욱 중추적인 역할을 하는 그들이 기술을 하는 사람이라고 해서 혹은 남성이라고 해서 무조건 존대해야 했던 것은 기술 중시, 가부장제 중시의 모습을 엿볼 수 있다. 회식 자리에서는 가끔 부담스럽게 남자 과장들과 제조 여사원 사이에 블루스타임마저 있었다. 회식을 마치고 출근하면 설비 엔지니어들도 설비 유지보수를 위한 백업 시간에 쫓기고 있었겠지만, 여성 오퍼레이터들은 불편한 속을 달래지 못해서 쉽게 화장실을 갈 수도 없었다. 방광염 환자가 많았다. 때론 성인용 기저귀를 입고 라인에 들어왔다. 오로지 생산에 짜여진 절차로써 그 리듬에 몸을 맞춰야 했다.

모두 교대 근무자였던 오퍼레이터는 웨이퍼wafer 실리콘 결정을 약 0.7mm 정도로 자른 둥근판. 반도체 제품에서 가장 기초가되는 실리콘 소재가 공정을 마치면 설비에서 설비로 웨이퍼를 이동시키는 생산성의 핵심 요인이 됐고 그들의 기민한 몸으로 부가가치가 더 나올 수 있다. 그들의 지능이 곧 개발 속도를 두 배로 높였다. 반도체 공정 스태프를 줄줄 외는 이들이 있었다. 드물게 터지는 작업자 사고Human Error를 제외하고 한 설비에서 각 제품마다 복잡한 조건이 진행되는데 이것을 오랫동안 메뉴얼로 진행해 왔다. 반도체 노광공정Photo의 경우 값비싼 장비에 20여 개의 설계도를 입혀야 한다. 다양한 제품들이 온라인 시스템도 없이 설비를 돌아다닐 때 이들은 메모 용지에 붙여진 정보Inform 사항을 보고 작업을 진행했다. 이들이 회사에서 기회가 주어져 학습했다면 공정 레시피까지 만들 수 있었겠지만, 엔지니어들은 일부러 일본어와 영어로 된 메뉴얼을 들이밀거나, 혹은 메뉴얼을 숨기면서 오퍼레이터들이 엔지니어 경험을 쌓는데 차별을 두려고 했다.

그들에게 있어서 보이는 두 가지 벽이 있었다. 남성 관리자와 IMF와 같은 경제위기였다. 한국 사회의 가부장제 그리고 자본주의 체제 내에서의 실패의 된서리를 모두 여성들이 보이지 않는 영역에서 감내했던 시간으로 볼 수 있다. 1983년에 시작했던 반도체 후발주자로서 '추격자 전략'을 취하거나, 1인 2역은 되어야 가능했었던 '병행개발'을 했다.* 방향이 정해져서 빨리 달리면 됐기 때문에 정신력 무장을 강조했다. 1983년부터 개발해야 할 용량만큼 밤샘 행군을 했다. 2006년 새롭게 반도체 300mm 웨이퍼 연구소가 만들어지던 때까지 행군은 계속됐다. 극기에 가까웠던 정신력 강조에 여성들은 근육량 차이

● 삼성전자주식회사, 「서문」, 『삼성전자 40년』, 삼성전자, 2010

에도 불구하고 모두 동원됐다. 그럼에도 90년대 말까지만 하더라도 여성들의 근속연수는 5년 남짓이었다.

삼성의 경우 연말까지 급여를 받고, 이듬해 2월 말에 연월차 수당과 보너스를 받고 퇴사를 했다. 그래서 대부분 사원들이 스무 살에 오퍼레이터로 일을 하다가 스물넷이 되는 해에 결혼이나 진학을 이유로 회사에서 떠났다. 이십 대 중반의 사원들은 처음에 찾기가 어려웠다가 삼성의 규모가 커지고, 90년대 초 여성들의 권한 신장 등으로 회사나 원가족의 퇴사 종용이 있긴 했으나 여성의 근속 연수가 증가하기 시작했다. 그렇지만 여전히 전문대졸 출신의 제조 반장과 대졸 출신의 제조 직장은 아무리 신입사원들이었어도 여성 오퍼레이터 위에 군림했다. 실제 웨이퍼를 움직이고 제조에 책임을 지는 손발은 도구화했다. 생산을 전적으로 여성들에게 의지하고 있으면서도 남아있는 역사는 없다.

IMF는 한국 사회 모든 이들에게 아픔으로 다가왔지만, 여성들에게 특히 심했다. 경제위기에서 해고의 1순위 대상은 기혼 여성이었다. 맞벌이 사내 커플은 무조건 여성이 퇴사 대상이었다. 아무리 뛰어난 성과를 내는 이들도 예외는 없었다. IMF의 된서리가 시작됐을 때, 반도체 전공정은 1/3의 감원, 후공정은 1/2의 감원이 불문율처럼 현장에 들이닥쳤는데, 여성 오퍼레이터의 퇴직이 가장 심하게 이뤄지던 때였다.

그 시절, 여권 신장으로 오퍼레이터에서 조장으로 성장했던 현명하고 성과가 뛰어난 여성들은 이제 다시금 서른쯤이 되자, 높은 임금, 결혼 여부, 근속 기간 등이 '회사가 보기에' 불리해졌다. 이들은 퇴직 대상이 됐다. 라인 내에서 이름 없이 존경받는 조장일수록 자신이 먼저 소위 '총대'를 메고 퇴직했으며, 그녀보다 조금 더 젊고 유능한 후배에게 조장의 자리를 물려주며 '네가 있기 때문에 내가 나간다. 잘하리라 믿어'라며 끝까지 승계에 대한 마음을 썼었다.

한국 사회에서 IMF를 슬기롭게 헤쳐 나가는 모습을 보였고, 반도체 경기가 닷컴 버블의 활황을 그대로 반영했던 터라서, 반도체 가격 급등으로 삼성에서는 창사 이래 가장 큰 성과를 거두기도 했다. 망할 것만 같았던 한국 그리고 반도체 산업이 급격한 V자 반등을 거두자 또 다른 촌극이 시작됐다. 다시금 생산성 증가가 되어 여사원들 채용을 급격히 늘리기 시작했다. 2000년 밀레니엄 전후에 입사한 여사원들은 대거 입사했다. 그때까지만 해도 라인 내에서 설비 엔지니어들은 영남지방의 공업계고교, 오퍼레이터는 호남지방의 상업계 고교 출신으로 구성되었는데, 오퍼레이터 인력 수요가 급격히 증가하자마자, 서울 경기권까지 그 대상을 확대하기 시작했다. 주로 수도권에 있었던 반도체 현장에서 선배의 이야기도 없이 '삼성'에 들어온다는 이미지로 잔뜩 기대했던 상고 출신 스무 살 여성은 방진복을 입는 환경, 군대와 다름없는 노동문화에 놀라며 줄줄이 퇴사했다. 그 시절 교육 담당자들은 고분고분하지 않고 꼬치꼬치 캐묻는 신입사원들이 부담스러웠다며 넋두리했는데, 그들을 다스리기 위해서 신입사원 교육 때는 청심환을 챙겨 먹어야만 했다.

현장 관리자들은 청심환보다 더한 약으로도 해결이 안 되는 인지 부조화를 겪는다.* 퇴사했던 선후배들이 재입사하는데 동원된 것이다. 남은 이들은 고된 업무, 과로를 하면서도 일이 끝나면 회사 전화를 붙들고 뛰어다녔다. 자발적으로 혹은 조직의 압박, 가정의 결혼 종용 등으로 떠났던 오퍼레이터들에게 일일이 전화해서 다시금 회사로 돌아오라는 부탁을 했다. 그렇게 내보내기 바빴던 회사가 갑자기 사람들을 우후죽순 뽑겠다며 나선 것이다. 일손 부족했지만, 하루아침에 일을 손에서 놨던 이들에게 다시금 웨이퍼 상자를 들이미는 일도 어려웠고, 집이 가까워서 조금만 근무가 힘들어도 대학 가겠다며 회사에 적응하려 하지 않았던 신입사원들이 금세 역량을 갖추는 것도 힘든 일이었다. 한껏 한국 반도체 산업이 물론 메모리 분야 석권을 하며 타도 인텔, 글로벌 Top5를 외칠 때 밤낮없이 몸에서 땀이 비 오듯 흐르고 눈물이 펑펑 쏟아서 쓰고 있던 방진복이 투명해지고 마스크가 젖어오는 것도 꺼리며 기저귀로 몸을 견뎌냈던 이들의 얼굴은 지금, 아무렇지 않게 사라져 있다. 어디에도 있었지만, 어디에도 없다.

자동화로 사라진 그들

기술 발달은 오퍼레이터 여성들의 흔적을 지우기에 급급했다. 공정 조건을 만드는 엔지니어와 설비를 유지보수하는 엔지니어 그리고 설비가 있고, 여사원이 있다. 설비에서 공정이 진행되고 설비에서 다른 설비로 이동해야 한다. 이 두 가지 절차가 오퍼레이터가 담당했던 영역이다. 거대한 설비 앞에서 가장 비싼 웨이퍼 상자를 옮기는 일이다.

● 박준영, 『반도체를 사랑한 남자』, 북루덴스, 2023

이 두 가지 절차는 차차 자동화 진행이 되었다. 다리가 힘든 일은 설비에서 설비로 웨이퍼 상자를 이동하는 일이었고, 근골격계, 특히 어깨와 팔꿈치, 손목이 힘든 일은 웨이퍼 상자를 카트와 이동 장치에서 꺼내 공정을 진행하기 위해 설비 위로 올려놓는 일이었다. 처음에 웨이퍼 상자 이동하는 일이 자동화 되기 시작했다. AGV_{Automated Guided Vehicle}는 라인 바닥에서 긴 레일을 깔고 설비에서 설비로 이동하는 장치였다. 이들 때문에 오퍼레이터들은 더욱 쉴 틈이 없어졌다.

설비가 웨이퍼 25매가 들어간 상자를 진행하려면 공정 시간이 있었다. 똑똑한 오퍼레이터들은 자기가 맡고 있는 설비들에서 나름의 최적화된 공정 시간과 자신들이 개입할 시기를 정확히 알고 있었다. 때론 시간을 최적화하기 위해서 서두를 필요가 없기도 했다. 그 시간 동안에 급하게라도 화장실에 갈 수도 있었고, 잠시 숨을 돌릴 수도 있었다. 그렇지만 물류센터에서 끊임없이 택배가 몰려오듯이, 시도때도 없이 AGV에서 진행을 기다리는 웨이퍼 상자들이 도착했다. 자신이 통제할 수 있는 시간과 설비의 여력이 사라진 상태에서 잠시 유람이라도 나가듯, 여사원들이 설비에서 설비로 웨이퍼 상자를 이동할 때 걸어 다니며 지냈던 시간이 사라져 버리고 계속 레일 아래 웨이퍼 상자를 설비 위로 올리는 중력을 거스르는 상하운동만 요구됐다. 그때쯤 근골격계 질환을 토로하는 오퍼레이터들이 늘었고, 오퍼레이터들이 라인 내에서 만나 잠시 안부를 묻던 시간이 사라져서 그들에게는 위로할 시간도 사라졌다. 오직 발끝에 그들을 채근하는 AGV에 치여 살게 됐다.

두 번째, 어떤 공정을 진행해야 하는지, 어떤 설비에 진행해야 하는지 오퍼레이터가 진행을 시켰던 공정 운영 또한 자동화되기 시작했다. Auto Trackin 이라는 과정으로써, 기존에 공정 조건 수백 개를 줄줄 외던 일들이 더 이상 필요성이 떨어지기 시작했다. 여사원들에게는 안부를 묻는 감정적 흐름도, 자신의 이성을 활용했던 지성적 절차도 사라졌다. 그들 대부분이 라인 내에서 활용도가 사라지기 시작했다.

이제 AGV와 Auto Trackin의 하드웨어, 소프트웨어적 변화는 그 연결고리를 포함해서, 높은 층고가 자랑인 FAB 천장에서 인공위성처럼 움직이는 OHToverhead hoist transport 웨이퍼를 움직이는 물류자동화 장치로 변하기 시작했다. 모두 사람의 손이 전혀 닿지 않는 이 장치는 RF IDRadio Frequency Identification 무선 주파수를 활용해서 사물 인식하는 기술와 시스템 내 연결된 절차에 따라서 자동으로 진행 설비와 공정 조건이 연결되어 움직였다. 1983년부터 약 30년간 웨이퍼를 들고 함께 했던 이들이 점점 손에서 웨이퍼 상자를 빼앗기고 공정 조건상 이상 현상과 인터락이 발생했을 때 생산량에 저하되기 때문에 공정 및 설비 엔지니어들을 채근하는 역할로 전환되었고 그들은 원하든 원하지 않든 방진복을 입지 않는 오피스로 쫓겨나기 시작했고 IMF때보다 더한 설움을 겪기 시작했다. 결국 오퍼레이터와 자동화 장비끼리 대결하는 촌극도 등장했다.

"다섯 세고 시작합니다."

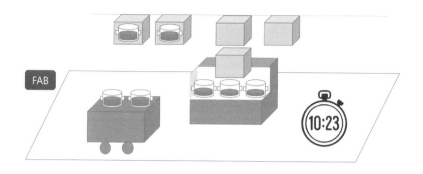

그림 4.1 자동화된 현장에서 로봇과 인간의 대결

제조 직장이 초시계를 들고 있다. 엄지손가락 위에 빨간 버튼이 금방이라도 눌릴 것 같다. 생산 효율화를 향한 기계와 사람의 대결이 펼쳐진다. 라인 안에 하얀 방진모와 방진 마스크 사이, 두 눈이 오직 두 곳만 응시하며 두리번거린다. 그리고 웨이퍼 상자- 폽FOUP -가 머리 위에 하나, 허리춤에 하나 있다. OHT는 라인 천장에 매달려 있고 OHT가 신속히 달릴 수 있는 레일이 있다. OHT는 폽을 감쌀 수 있다. 기차가 끊임없이 물동량을 나르듯, 폽은 속절없이 레일을 달린다. 물론 무턱대고 빨리 달려서는 안 된다. 빨리 달리다가 폽 속에 웨이퍼라도 흔들리게 되면 먼지가 떨어져서, 수율에 영향을 줄 수 있기 때문이다. 장비와 장비 사이를 오갈 때 자동으로 거리를 계산해서 적절히 스피드를 올리면서도 먼지는 떨어지지 않는, 속도가 관성을 추월하지 않을 정도로 달려야 한다. 차갑고 냉정한 OHT는 그를 향한 따가운 시선 따위는 아랑곳하지 않았다.

허리춤으로 향한 시선은 훨씬 애달팠다. 허리춤 높이의 카트에는 폽 두 개를 올려놓을 수 있는 공간이 있다. 여사원 중에서 가장 빠릿빠릿한 사람이 카트 위에 양손을 올려놓고 침을 꿀꺽 삼킨다. 머리카락 한 올 보이지 않는 방진모 아래 두 눈이 껌뻑거리지도 않는다. 온 신경이 쏟아지는 순간, 웨이퍼 한 매가 들어있는 폽 두 개가 공정을 동시에 마쳤다.

"다섯, 넷, 셋, 둘, 하나, 시작!"

장비 위에 OHT가 천장 위 레일에서 수직으로 내려온다. 그 틈에 여사원은 공정을 마친 폽을 카트에 싣고 아주 빠른 걸음으로 다음 공정으로 움직인다. 총 다섯 개 공정을 진행하기로 했다. 다섯 번의 장비를 거쳐야 하는 시간, 심판처럼 초시계를 들고 있는 제조 과장이 폽을 따라다닌다. 가슴에 럭비공을 안고 뛰듯이 여사원은 다음 공정으로 달려간다. 천장까지 폽을 가지고 올라가는 OHT는 처음에는 지체되는 듯하더니, 곧 유연하게 레일 위를 달린다. 다음 장비까지 먼저 도착한 것은 OHT다. 센서를 통한 복잡한 연산으로 최적의 속도를 계산해 냈을 것이다. 빠른 걸음과 긴장한 탓에 이미 방진모가 땀에 젖어 들어 검은 머리카락이 보일 듯한 여사원은 장비에 도착해서 폽을 올려놓는다. OHT가 먼저 도착했지만 천장에서 장비까지 내려오는 시간이 있었다. 동시에 장비에 올려놓은 뒤 끝나자마자 여사원은 입을 꾹 다물고 카트 위에 폽을 올려놓는다. 이번에는 Bay를 이동해야 한다. 긴 거리가 아무래도 인간에게는 버거울 수도 있다. 사력을 다해

카트를 민다. 이미 라인 내에 안내는 되어 있었지만, 혹여 다른 작업자들이나 협력사 엔지니어들이 있을까 조마조마하지만 긴장감이 큰 길을 열어주는 듯, 카트를 막아서는 사람들은 없었다. 두 번째 장비까지 가는 긴 시간, 같이 땀 흘리는 사람 수가 늘어나듯이 초시계 시간은 흐른다. OHT가 확실히 긴 거리에는 유리했다. 원래 OHT는 갑자기 다가오는 다른 OHT와의 충돌을 피하기 위해서 적절한 속도로 자주 변경되는데 이날따라 OHT를 막아서는 다른 OHT가 한산하다.

세 번째 공정까지 마치고 난 뒤에, 네 번째 장비를 향해 간다. 라인이 자동화되면서 사람이 점점 희박해가고 있었지만, 카트와 OHT의 대결에 온 신경이 쓰인다. 자기 일을 묵묵히 하면서도 카트가 지나갈 때마다 고개를 돌리고 여사원에게 말없이 응원하는 이들, 흰색 방진복을 입은 삼성 직원들이던, 파란색 옷을 입은 협력사 직원들이던 각자의 빛깔로 고개를 돌리고 있었다. 이어진 네 번째 공정을 마치고 마지막으로 달려가는 길, 머리는 이미 단련된 몸에 동작을 맡기고 있었다. 숙련된 팔다리에 이내 땀이 흥건해지고, 방진모 사이에 머리카락이 삐져나와 머리카락 끝으로 땀방울 떨어지려고 한다. 그리고 드디어 다섯 번째, 마지막 장비, 이미 장비의 수직방향에 OHT가 도착해 떨어질 순간, 차분하지만 신속하게 카트를 밀고 장비 앞에 서자마자 품을 올려놓는다.

"앗! 10분 23초 동률입니다."

팽팽한 기운에 안 그래도 깨끗한 FAB의 모든 물질마저 얼어붙은 찰나, 안도와 걱정과 회환과 의문의 시간이 흘렀다. 턱밑까지 숨이 차올라왔다. 손과 발로 하던 일을 바퀴로, 바퀴가 하던 일을 레일로, 머리로 제품에 맞는 공정을 외우고, 공정 진행 시간을 외우고, 혹은 외우다가 몸으로 익히고 익숙해진 것을 더 이상 하기 어려워진 시간, 희박한 참여는 벼랑 끝으로 제조직 오퍼레이터들을 옥죄고 있다.

10분 23초, 623초의 시간은 누구의 승리도 아니었다. 1983년부터 입어왔던 오퍼레이터의 근무복이 어딘가에서 다른 물질이 되어 떠돌고 있고, 1992년부터 눈 주위를 빼고 언제나 그들을 감싸왔던 흰색 방진 의류가 또 먼지가 되어 돌아다니고 있더라도, 20년이 넘어가는 회사생활은 사라진 적이 없었다. 기계의 몸과 인간의 몸이 대결하는 시간, 언제나 현재만 살고 있는 기계의 뛰어난 분석력의 파도와 한 치의 오차도 없는 데이터의 물결을 맨몸으로 받는 오퍼레이터, 금세 흘린 땀방울마저 자동화라는 파도 앞에서 사라져 버리는 그 흐름을 결국 겪을 수밖에 없었다.

반도체 태동기부터 함께 있었지만, 한 번도 불려본 적 없는 이들은 백혈병에 걸리는 최전선에 있기도 했고, 가장 먼저 몸이 반응하는 작업자로써 수 십 년간 반도체 라인에 있었다. 그들의 손길은 이제 대부분 자동화가 됐지만, 그들을 기억해야 한다. 그들이 그간 흘렸던 땀, 참아야 했던 눈물은 이제 온기가 사라진 반도체 현장에서 가장 그리운 체온으로 남아있다.

한 줄 핵심 요약

생산의 핵심이었던 제조 Operator의 역할 없이 한국 반도체의 거대한 성공은 가능하지 않았다. 그들의 헌신을 기억하는 것은 반도체 인력의 소중함을 되새기는 시초이다.

제조 담당 김재욱 사장

2006년 2월, 삼성그룹 46기 신입사원 입문 교육을 마친 날, 검은색 양복을 입고 나는 나름 자랑스럽게 대전 유성 연수원에서 서울 중구 태평로로 가는 회사 버스에 올랐다. 붉은 피마저 파란 피로 수혈된다는 삼성그룹 연수를 마친 이후에, 비록 월급쟁이에 불과했지만 우리나라에서 가장 좋은 회사에 들어왔다는 나름의 만족감과 연구직에서 일하며 세계 최고의 반도체를 만들 수 있다는 벅차오름이 있었다. 버스에서 내렸을 때 서울의 공기마저 다른 느낌이 났었고, 삼성 본관 옆 삼성 생명 건물에서 '사장 특강'을 듣기 위해 영화관 좌석같이 붉은색 시트가 차분하게 내려앉은 시청각 강의실에 검은 양복을 입고 한껏 사장의 맘에 들게 하려고 허리를 꼿꼿이 세우고 앉았다. 인사 담당자가 사장을 소개했다. 제조 담당 김재욱 사장이었다.

공기마저 달라진 태평로에서 처음 만난 '사장'은 새하얗게 센 머리에 진한 베이지색 사원복을 입고 있었다. 이 옷은 암묵적으로 삼성 임원들만이 입을 수 있었다. 두터운 입술을 꽉 다물고 연단에 오른 김재욱 사장은 무엇이라 말했는지 한 마디도 기억나지 않지만, 무언가 포부를 가지라는 당부를 했을 것이다. 삼성전자 그리고 연구개발직으로 입사한 나로서는 먼 곳의 이야기라는 생각이 들었다. 세련됨은 하나도 찾을 수 없었던 그 단상은 이미지로써 반도체와 현장의 반도체를 알아차리는데 작은 단서가 되었다. 연구개발에 대한 모호하게 부풀어온 포부는 현실의 땅에 닿는 데 그렇게 오래 걸리지는 않았다.

검은색 양복을 입고 배치받은 부서로 갔다. 새로운 12인치 웨이퍼 기반의 반도체 연구소를 짓는데 대졸의 학사 졸업자들이 대거 삼성전자의 화성사업장 반도체연구소로 투입된 것이었다. 그 옆에는 제조현장인 15라인이 공사 중이었다. 규모에 따른 놀라움이 있었다면 15라인의 배치가 훨씬 더 매력적이었겠지만, 연구소로 배치된 나와 신입사원들은 어떤 이유로 배치되었는지도 모른 채 나름의 만족감을 가졌다. 대규모 연구소가 건립되면서 학사 출신들이 셋업을 위해서든 연구개발을 발 빠르게 진행하기 위해서든 배치되었다.

양복을 입고 들어섰던 그곳은 이제 새로 이사하는 분주한 대단지 아파트 같은 모습을 하고 있었다. 빈 책상들이 깔끔하게 자리하고 있었고, 중간중간 비닐이 벗겨지지 않은 의자들이 사람들을 기다리고 있었다. 그리고 슬리퍼를 신고 청바지에 면티를 입은 채로 땀에 젖어 떡을 찐 머리를 한 이들이 한 손에는 웨이퍼나 공구 상자, 혹은 제조 현장의 사건을 정리해 온 클린 용지, 그리고 스프링이 없는 라인 볼펜과 클린 노트를 들고 있었다. 반도체 현장에 익숙한 물질들이 가지런히 배열되어 있을 때, 말쑥하게 차려입은 신입사원들을 보고 피식 웃고 지나가는 사람들도 종종 있었지만, 모두가 다 선배일 것으로 생각했기 때문에 넥타이들은 그 시절의 권유와 복종으로 연신 인사를 해대고 있었다. 양복과 스프레이, 무스라는 낯선 물질이 싫었는지 아니면 새내기 냄새가 나서 미리 알려주려고 했는지, 상당히 어색하게 인사를 받는 사람들 틈에, 어떤 이가 혀를 끌끌차며 말했다.

"양복은 왜 입고 오는 거야. 내일부터 방진복인데, 머리에 뭐 바를 생각 말고, 바로 청바지에 운동화 입고와! 여기 셋업 라인이야."

제조와 셋업이라는 단어는 연구개발과 반도체와는 사뭇 다른 느낌이 난다. 머리카락 굵기보다 훨씬 작은 반도체, 50nm급의 세계에서 가장 앞선 반도체를 만든다는 그 세계 최고의 빛나 보이는 환상의 거품이 점점 사라지는 그 현실은 만만하지 않았다.

다시금 떠오른 그 인물, 김재욱 사장이다. 세계 최고의 반도체를 만든다는 그 현장에서 주 7일 근무도 마다하지 않고, 40대 후반에 학사학위로 제조 담당 사장에 오른 그는, 메모리 신성장론을 들고 나온 황창규 사장보다 10년 전에 삼성에 들어왔고, 삼성전자 반도체가 기흥에 연구소와 공장을 만들었을 때, 공장에 배치받았다. 평상복보다 훨씬 더 오래 방진복을 입었던 그였다.

반도체 현장은 인간이 가장 큰 오염원이다. 그 오염 원인 인간을 감추기 위해서, 그리고 반도체 제조 현장이 먼지 없는 곳이 되기 위해 '클린룸Clean Room'을 조성해야 한다. 메모리 제조현장을 Factory가 아니라 FAB라고도 부른다. 왜 그렇게 Factory라는 '공장' 이름을 싫어하는데, 소위 공돌이로 불리는 사람들을 '기름밥'을 먹는다고 생각하며 무시했던 사회적 분위기에서 닦고, 조이고, 기름치는 공장과 구별 짓기 하고 싶었기 때문으로 볼 수 있다.

원래 FAB는 Fabrication의 약자로써, 산업혁명 시대, 방직공장에서 씨줄과 날줄을 연결하는 형태의 제조 현장을 부르는 말에서 유래했다. 반도체 FAB는 거대한 제조 현장으로 가로와 세로 반도체 장비가 위치하고, 사람들의 이동통로가 있으며, 반도체가 직접 만들어지는 웨이퍼가 지나다니는 공간이 있다. 그래서 FAB를 라인Line이라고도 한다. 모두가 일렬로 배치되어야 하는 이 공간은 먼지가 없어야 하기 때문에 '공조plenum'가 필수적이면서도, 육중한 반도체 장비들을 버텨야 하는 이중고가 있다. 공조는 결국에 반도체 천장과 바닥에 모두 바람이 통해야 했기 때문에 시추선에서 활용하는 '그레이팅'을 쓰기 시작했다. 그레이팅은 석유시추선이 작은 부력에도 떠 있으려면 최대한 하중이 덜 되게 하려고, 씨줄과 날줄의 블록을 엮어서 만들었다. 구멍이 숭숭 있더라도 무거운 장비도 부력의 힘으로 시추선에서 활동할 수 있었다. FAB의 바닥재 그레이팅은 성인 남자가 양손에 하나씩 들고 움직이면 이동이 가능할 정도로 무거웠다. 그 단단하면서도 구멍난 토대 위에 톤 단위의 반도체 장비가 올려지는 것이다.

그레이팅을 깔고, 설비를 FAB에 놓으려면 숨이 가빠오고 땀이 난다. 수많은 시간 방진복의 마스크에서 자신의 날숨과 들숨을 느끼고, 때론 고된 회식과 새벽 출근, 교대 근무 속에서 내 숨마저 멈추고 싶은 생각이 들더라도 반도체 생산은 멈출 수가 없었다. 김재욱 사장이 과장에서 이사, 40대의 사장이 되기까지 기흥 공장은 점점 더 세력을 넓히고 있었다.

어디 하나 김재욱 사장의 손이 닿지 않은 곳은 없었다. 삼성전자 반도체가 1983년에 기존에 후진국이 선진국의 인건비를 감안해서 해외 사업장으로 확장한 반도체 조립공정을 중심으로 하다가, 선진국과 어깨를 견줄 수 있는 반도체 웨이퍼 기반 전공정으로 전환한 그 때, 모두가 1년 반 이상 걸린다고 했던 라인 건설, 곧 셋업을 6개월 만에 마쳤다. 땅을 파서 평탄화 작업을 하고, 거대한 철골구조를 짓고, 그레이팅을 깔고, 설비를 놓고, 공정 물질에 배관을 연결하고, 웨이퍼를 생산하는 일을 모두 감당하고 있었다. 그 셋업이라는 단어는 누군가에게는 귓가에서 지나치는 단어였지만 김재욱 사장과 그 시절 방진복을 입었던 사람들에게는 가슴의 언어였다.

이병철 회장의 결단 이후 삼성전자 반도체가 크게 성공을 거둔 시점을 3번의 시기로 나눌 수 있다. 첫 번째, 1993년 반도체 DRAM에서의 세계 1위, 2001년 IMF의 위기를 기회로 바꾼 시기, 2008년 치킨게임을 도약으로 바꾼 시점이다. 거기에는 물론 경영전략의 언어가 있지만, 그 말이 공수표가 되지 않게 아래에서 떠받친 사람들이 많다. DRAM 글로벌 1위는 삼성전자 기흥공장 2라인에서 시작했다. 웨이퍼가 4인치에서 6인치로 넘어갈 때였고, 2라인에서 생산 최적화를 위한 TPMTotal Productive Management 활동이 없었다면, 그만큼의 제품을 만들어낼 수 없었다. IMF 위기 때 직원의 33%가 회사를 떠난 상황에서 K8 프로젝트로 불리는 기흥의 8라인 셋업, 그리고 동시에 진행된 9라인 셋업은 삼성이 누구보다 빠르게 그리고 더 대량의 반도체를 생산할 수 있는 기틀을 마련할 수 있었다. 마지막으로 2008년 치킨게임 시기에는 더 빠른 투자 및 대량 생산이 가능했던 양산라인의 셋업을 통해서 메모리 회사 중에서 삼성, SK하이닉스, 마이크론만 살아남게 되었다.

김재욱 사장과 함께 라인에 피땀 눈물이 맺힌 이들은 K8 프로젝트 기념 수건을 여전히 가지고 있을 것이다. 그 수건이 한 달 연속 근무, 12시간 맞교대 근무 등의 고된 노동에 비하면 보잘것없는 보상에 불과했지만, 쉽게 버릴 수 없는 제조와 셋업이라는 단어가 새겨진 몸의 흔적이었다. '발수건으로 쓰더라도 그때 받았던 수건을 끝까지 버릴 수 없다'는 K8라인 출신들의 넋두리처럼, 이제는 구형 라인이 되어버린 기흥 8라인에서는 레거시Legacy 공정으로 불리며 설계회사에서 수주를 받은 시스템 반도체가 생산되고 있다.

김재욱 사장이 제조 담당 사장에서 삼성의 전자 계열사로 전출을 간 이후에 그들의 후예는 15라인이라는 화성사업장의 상징적인 곳을 성공적으로 이끌었었다. 세계에서 일곱 곳의 메모리 반도체 회사가 서너 개로 정리됐던 시기에, 15라인은 그 주역으로써, 삼성은 든든한 제조 생산성과 빛만큼 빠른 셋업 속도로 판매가보다 원가를 더 낮추는 '치킨 게임' 전략을 통해서 생산량과 자금력이 버틸 수 있는 회사를 제외하고 모두 도산에 이르게 했다. 일본의 마지막 희망이었던 엘피다 반도체가 매각됐던 때를 아쉬워하며, 일본에서는 여전히 고장난 라디오처럼 그 실패를 자주 방송에 내보내며 회자한다.

메모리 분야에서 압도적인 경쟁력을 구가하게 된 이유는 바로 엄청난 생산성이다. 일본식 TPM 활동을 전 사업장에 체화할 수 있고 이를 근본적인 효율성까지 지표화하기 위해 식스시그마를 제조현장에 이식한 전체적인 업무까지도 그의 의사결정이 영향이 컸다. 그는 여전히 우리나라 제조업, 하드웨어 스타트업의 투자자로써 자신의 역할을 하고 있다. 연구개발만 중시하는 문화가 세련됐다는 억지는 다시금 제고되어야 한다. 생산으로서 전세계를 주름잡고 있는 TSMC를 추격하고 넘어서기 위해서는 생산 기술을 중요시하고, 숙련을 인정하는 문화가 요구된다. 모든 일이 연구개발이고 모든 행동이 기술력이다.

한 줄 핵심 요약

추격자에서 선도자로 반도체 산업을 한 단계 끌어
올린 김재욱 사장.

황의 법칙과 기술 리더십

메모리 신성장론의 태동

2006년 사내 메신저 창에서 그룹 연수 단체 채팅방이 깜빡이고 있었다. 5주간의 삼성그룹 신입사원 교육을 마친 뒤에 신입사원들은 부서 배치를 받고 5월 말에 열리는 하계수련대회에 참석한다. 3주간 보광 피닉스파크의 땡볕에서 카드섹션을 하기 위해 연습을 하는데, 수천 명의 카드섹션을 삼성의 사장단과 신입 임원들이 지켜본다. 반도체 총괄의 신입사원들이 배치가 많이 됐었는데, 그중에서 내가 속한 연구소 셋업 라인과 치킨 게임을 이겨낸 제조센터인 양산 15라인 셋업을 담당하는 이들은 그룹의 신입사원 행사마저 참석이 불투명했다. 삼성그룹 행사 참석을 중시하는 인사팀마저 프로젝트 부서에게는 예외가 적용되느냐 마느냐 했다.

256

온라인 상에서 아직도 회자되는 하계수련대회 영상은 북한보다 더 하다는 평을 듣는다. 카드섹션의 픽셀 하나에 불과했지만, 그 시절 신입사원들에게는 의미가 컸다. 지금 보면 로열티를 강화한다는 의미로 하계수련대회는 임원들에게 재롱잔치에 불과할 수 있고, 재롱둥이들이 서로의 애사심을 경쟁적으로 전시하는 자리였지만, 동시에 파란피가 잔뜩 들어있던 이들에게 우정과 연대를 강화하는 자리기도 했다. 어떤 면에서 기존의 문법이 유지되는 공동체의 끝자락이라고 볼 수 있다. 신입사원들은 하계수련대회 참석을 바랐다. 주말 근무가 당연하던 때 피곤한 현실을 피하고 싶은 자리였기 때문이다. 결국에 연구소이던 제조 라인이던 셋업을 하다가 방진복에 눌린 머리를 하고 방진마스크 자국이 그대로 남아있는 월요일 아침에 단기간 참석이 결정되었다.

입사한 지 6개월, 머리를 단장했던 스프레이는 먼지가 쌓여있고, 말쑥하게 차려입은 양복은 이미 옷걸이 깊숙이 매달려 있어서, 여름날에 물먹는 하마에게 먹이를 제공하고 있었다. 월요일은 6시 10분, 다른 날은 6시 20분에 회사 버스 정류장에 반쯤 잠긴 눈으로 서있다. 복장으로 보면 대학생과 다르지 않았다. 오늘은 새로운 설비가 입고되고, 셋업이 끝나면 공정 테스트를 진행해야 되는 삶의 반복이었다. 이런 반복의 이유는 반도체연구소에서 세계에서 가장 앞선 반도체를 만들어야 했고, 그중 한 조건을 담당하는 것이 연구원의 몫이었다.

세계에서 가장 앞선 반도체를 만들어야 몇 가지 이유 중의 하나는 '법칙' 때문이었다. 황의 법칙이라 불리는 메모리 신성장론, 이는 반도체 업계의 추격자인 삼성이 내건 법칙이었다. 황창규 사장은 미국에서 학위를 마치고 기업 연구소를 거친 뒤에, 삼성에서 한참 동안 내걸었던 '천재 경영'의 기조에 걸맞은 S급 인재로서 스카우트 제의를 받았다. 그는 임원 자리를 마다하고 굳이 수석 엔지니어, 부장으로 삼성 연구소에 들어왔다.[●] 승부사이면서도 도전적인 면을 엿볼 수가 있다. 1992년 이사가 된 황창규는 매년 기존의 메모리 반도체를 새롭게 개발하는 팀의 수장으로써 승승장구하고 있었다. 그는 2002년 세계적인 학회에서 그의 이름을 따서 '황의 법칙'이라고 명명하기까지 10년간 절치부심했다. 1965년부터 반도체 업계는 꿋꿋하게 지켜온 법칙이 하나 있었기 때문에 허튼 법칙을 말해봐야 그 법칙에 수렴될 뿐이기 때문이었다.

황의 법칙을 설명하려면 먼저, 무어의 법칙을 알 필요가 있다. 삼성 전자를 비롯한 메모리 회사가 새롭게 만들어야 하는 이유는 반도체 산업의 가장 강력한 동인인 무어의 법칙을 따라야하기 때문이다. 반도체는 1960년 초 미국의 페어차일드 반도체와 텍사스 인스투르먼트에서 실리콘 웨이퍼를 기반으로 생산하기 시작했다. 실리콘 웨이퍼에서 생산하는 것이 트랜지스터Transistor이다. 중고등학교 시절 매캐한 냄새가 나는 납땜을 하면서 라디오 만들기 실습을 하는데, 그때 인간보다 발이 하나 더 많은 3개의 다리를 한 검은색 장치가 있는데 그것

● 황창규 지음, 『황의 법칙 = Hwang's law : 혁신을 꿈꾸는 젊은 리더들에게 전하는 이야기』, 시공사, 2023

이 트랜지스터이다.

트랜지스터는 스위치다. 곧, 껐다가 켜지며 동작할 수 있다. 이 동작을 통해 켜지면 1, 꺼지면 0을 표시할 수 있다. 클로드 섀넌Claude Shannon●은 1937년에 20대 중반에 MIT 석사논문으로 1,0으로 세상의 모든 정보를 구성할 수 있다는 '정보이론'을 제시했고, 1,0을 구현하기 위한 장치를 만들기 위해 몇몇 선구자들이 뛰어들었다. 그중에서도 앨런 튜링은 튜링 머신을 기반으로 기계식 컴퓨터에 대한 수학적 기반을 마련한다. 정보이론을 기반으로 한 튜링 머신은 2차대전에 독일군의 암호 에니그마enigma를 해독하는 기계식 컴퓨터를 만들었고, 폰 노이만은 포탄이 떨어지는 유럽에서 미국으로 이주한 뒤, 1943년에 진공관을 기반으로 에니악ENIAC을 만들었다. 집채만 한 컴퓨터를 만들었고, 수많은 진공관이 금세 터지고 고장 나기 일쑤였으며, 진공관 사이를 잇기 위한 복잡한 구리 도선들이 어지럽게 널려 있었다. 그럼에도 1945년에 천재 중의 천재는 컴퓨터라는 새로운 물건에 대한 체계를 자신의 이름을 따서 명명했다. 곧, 폰 노이만Von Neumann은 정보처리는 메모리반도체, 정보처리는 시스템 반도체로 나눈다는 개념을 말했고, 이들은 중고등학교 교과서에서 중앙처리장치, 주기억장치, 보조기억장치로 등장한다.

2차대전의 연합군, 정확히 말하면 미국의 승리로 마감했을 때 이미

● 지미 소니, 로브 굿맨 지음, 『저글러, 땜장이, 놀이꾼, 디지털 세상을 설계하다』, 양병찬 옮김, 곰출판, 2020

유럽대륙과 가장 먼 샌프란시스코 등지로 지식인들이 모두 이주했다. 이제 미국 서부는 자연을 자원화하던 골드러시 이후로 인간이 자원의 보고가 된 곳이었다. 1948년 쇼클리Shockley는 전자산업과 인류의 문명사에 남을만한 발명, 곧 현재에도 쓰이는 스위치, 트랜지스터를 만들어 낸다. 필라멘트처럼 유리관에 박힌 그 스위치는 진공관보다 훨씬 작고 훨씬 쉽게 동작할 수 있었으며 고장도 덜했다.

그의 기술적 발명은 이후에 1957년에는 우리나라 강대원 박사가 개발한 진화된 트랜지스터 MOSFET 발견으로 연결되었고, 이를 바탕으로 사람들은 실리콘 웨이퍼를 기반으로 한 대량 생산 체계를 만들기 위해 분투한다. 사업 수완이 좋았던 텍사스 인스투르먼트는 쇼클리의 편집증을 감내하면서도 대량 생산 체계를 구축하려 했으며, 편집증을 피해서 나온 8명의 반도체 초기 영웅들은 페어차일드 반도체를 거쳐서 인텔을 창업하는데 연결되었다. 폰 노이만이 컴퓨터의 체계를 만들었다면 1960년대 초기부터 반도체 대량 생산에 따른 기술 발달과 스위치 집적도 향상을 지켜본 인텔 창업자 중 1명인 고든 무어는 도발적인 논문을 게재했다. 반도체 제품이 1년 반이나 2년에 2배씩 성능이 향상된다는 '무어의 법칙'을 주창했다.

무어의 법칙은 어떤 기술을 활용해서라도 반도체 성능이 선형적으로 증가한다는 '말'이었으며, 이는 수많은 반도체 산업 발달을 촉진하면서도 산업에 속한 이들에게 끝없는 도전과 괴로움의 시선으로 다가오게 되었다. 시스템 반도체를 비롯한 컴퓨터의 성능 발달에는 당연하게 메모리 반도체의 성능 향상이 필요함은 쉽게 이해할 수 있다

무어의 법칙으로 시장 주도권이 인텔에 있었던 시기, 황창규 사장은 황의 법칙을 발표한다. 성능 향상의 측면에서 메모리 반도체를 주기억 장치와 보조 기억 장치로 나누어서, 주기억 장치를 IBM에서 개발한 DRAM의 지속적인 성능과 용량의 향상으로 예상한다면, 보조 기억 장치는 상대적으로 반도체 제품이 아닌 레코드판과 다르지 않은 아날로그 정보 저장을 하는 기존의 HDDHard Disk Drive 제품과 연관되었다. 상대적으로 속도가 느리고 용량이 높은 보조기억 장치는 황의 법칙에서 제시하는 메모리 신성장론에 의해 플래시 메모리로 교체되기 시작했다. 황의 법칙은 보조기억장치인 플래시 메모리 발달을 이끌며 또 다른 시대를 맞이하게 된다.

황창규 사장은 1989년에 삼성에 입사했고, 1996년부터 새로운 시장 개척에 귀를 기울였다. DRAM 세계 일등으로 머무를 수 없었기 때문에, 주기억 장치를 넘어서 보조기억장치로 생각을 확대했다. HDD, 하드디스크드라이브라는 오래된 방식으로 데이터를 저장하는 장치는 용량은 높일 수 있었지만, 속도가 느리고 무겁다는 단점이 있었다. MOSFET을 개발한 강대원 박사가 NAND 반도체에 기반이 될 수 있는 트랜지스터를 개발했다. 이는 트랜지스터가 스위치 뿐만 아니라, 데이터 저장까지 쓰일 수 있는 기능을 탑재한 것인데, 스위치에 전기 신호를 주어서 데이터를 저장한 다음에, 다시금 전기 신호를 추가로 주지 않으면 데이터가 사라지지 않게 된다. 소위 비휘발성 메모리를 개발했다. NAND 반도체의 상품화는 도시바에서 1974년에 진행했지만, 그 상품화를 고집스럽게 진행하던 일본 기술자를 무시했고, 장시간 NAND 반도체는 그 활용도를 찾지 못했다.

황창규 사장은 SRAM 라인으로 쓰이던 구형 FAB에서 NAND 반도체를 개발하기 시작했다. 한창 삼성이 기흥사업장에서 화성사업장으로 그 위치를 확장하고 있을 때, 바쁘게 생산하는 신규 라인이 아닌 기존 라인에서 NAND 반도체를 준비했다. 메모리 신성장론의 주인공은 NAND 반도체였고, 이는 전자산업에서 절대강자인 인텔의 아성에 도전하는 삼성과 애플에게 핵심적인 제품이 되었다.[●]

PC를 넘어선 모바일 시장이 태동하는 시기였다. 중요한 것은 모바일 제품은 콘센트가 없다는 점이었다. 인텔이 지배하던 CPU 설계 기술은 CISCComplex Instruction Set Computer라고 부르는데, 윈도우와 더불어 오랜 역사와 전통을 갖추고 게다가 전자산업을 지배하려 하다 보니 모든 기능을 다 포섭하려고 했다. CPU는 복합적인 기능이 많았다. 윈도우 누더기 코드라고 불릴 정도로 복잡한 알고리듬이 있었다. 종종 메모리를 잡아먹고 잦은 오류가 있지만 윈도우는 사용자에게 익숙히 쓰이고 있다.

여기서 노키아나 애플의 폰을 설계한 회사 ARM이 등장한다. 모바일 전자기기가 떠오르며 CISC가 아닌 RISCReduced Instruction Set Computer는 동작을 위한 가장 기본적인 기능만 탑재하는 방향으로 설계를 모두 뜯어고쳤다. 콘센트가 없다는 것은 전원의 한계를 의미하고, 그 안에서 효율적으로 전력을 소비할 수 있는 제품을 요구하게 된

●"플래시메모리로 시장을 파괴하다", 『황의 법칙』

다. 저전력이라고 부르짖는 모든 목소리를 포섭할 수 있는 것은 반도체 기술에 달려있다.

스티브 잡스는 아이폰에 앞서서 아이팟을 만들 때, 급히 삼성전자에 미팅을 잡으려 했다. 황창규 사장은 손톱 크기만 한 초경량의 반도체를 소개한다고 했고, 깐깐하며 협력사를 쥐어짜기로 유명한 잡스는 황사장의 일정에 맞추어서 미팅을 바꿨다. 황사장은 당신이 바라는 것은 일개 저장장치가 아니라 모바일 비즈니스가 아니냐고 되물으면서, 그 기술이 삼성에 있다는 것을 알렸다. 손안에 들어가는 SD CardSecure Digital card라는 저장매체의 시작이다. 이는 플래시 메모리와 소프트웨어를 결합한 응용 제품이다. 불티나게 팔려나갈 수밖에 없었다. 메모리 신성장론은 모바일 시장의 태동에서 삼성의 성장에 거대한 교두보가 되었다.

황의 법칙 10년, 그 한계에 대해서

그 법칙에 고군분투하게 된 나와 삼성 반도체 신입사원들은 3주간의 하계수련대회에서 딱 1주일만 참석하는 것으로 의사결정이 났다. 반도체연구소 라인 셋업을 하는 우리는 카드섹션 주제가 '반도체 마법사'였다. 황의 법칙에 따라서 플래시 메모리가 16GB에서 32GB로 성장한다는 것을 반도체 몸통으로 나타냈고, 마법사 상징을 위해서 모자와 지팡이를 추가했다. 연구소 셋업 멤버들은 지팡이가 되었고 나는 지팡이의 휘어지는 부분의 지팡이 22가 되었다. 일주일 동안 특별한 일은 일어나지 않았고, 하계수련대회가 끝난 토요일에 뙤약볕에 힘이 들기도, 동병상련의 동기들을 만나 힘을 받기도 했지만 몸은 피곤했다. 그래도 몇몇은 일요일에 출근하기도 했다. 무어의 법칙과 황의 법칙은 과연 마법이었을까?

매년 NAND 플래시 메모리의 용량이 2배씩 증가하는 황의 법칙을 달성하기 위해 6월 말이나 7월에 암묵적으로 휴가를 다녀와야 했다. 9월 말, 추석 전에는 세계 최초의 반도체 개발을 하기 위해 저녁 8시에 회의가 기다리고 있었다. 900개 공정을 담당 연구원들이 개발하고, 특히 어려운 공정은 테스트도 끝이 없다. 매일 회의에서 어떠한 문제가 생기고, 왜 Working Die라는 동작하는 칩이 나오지 않는지 서로에게 책임을 미루다가도 서로 문제를 해결하기 위해 경쟁하고 협업하는 관계가 계속된다.

"그런데 우리가 우리 발목을 잡는 것 아니야? 이렇게 빨리 개발하면 우리 밑천이 다 떨어지는 것 아니냐고."

"내 말이, 황의 법칙 따라가려고 회사 다니는 것도 아니고…."

반도체연구소 회식 자리였다. 황의 법칙에 매달려 있는 사람들은 한탄했다. 개발의 난이도가 급격히 올라가게 된 50nm 공정부터 개발 기간이 좀 더 길어졌다. 이제는 조직개편이 일어나는 겨울이 되기 전부터 신제품 개발에 나섰다. 100nm에서 80nm 때만 해도, 농한기가 있어서 연구개발 논문도 쓰고 여름에 급하게 떠났거나 못 갔던 휴가를 가는 이들도 있을 만큼, 조금 한산할 때도 있었는데, 50nm 이하의 개발 난이도는 어려워졌기 때문에 지쳐가는 사람들이 늘어났다.

2008년, 황의 법칙에 대한 우려와 필요는 교차하고 있었다. 갑작스럽게 조직개편을 통해 황창규 사장이 사임하게 됐다. 30nm급의 세계 최초의 반도체를 개발하려는 그 시기 황의 법칙이 갑작스럽게 사라졌다. 과연 그 법칙은 무엇이었던가? 황의 법칙은 제품의 집적도가 1년에 2배씩 증가할 수 있다는 선언이었다. 이 선언은 과연 과학적인가 아니면 과학을 넘어선 주술인가?

황의 법칙의 물질적 기반은 결국 반도체 제품의 선폭 감소, 즉 미세화에 있다. 이러한 미세화는 법칙이 될 수 있는가? 과학의 법칙은 가설이었다가 이론이 되려면 수많은 검증을 거쳐야 하고, 지구뿐만 아니라 우주 어디에서도 만족할 수 있어야 법칙이 될 수 있다. 엔지니어 출신의 경영 리더가 외치는 법칙은 하나의 기조에 가깝다. 황의 법칙이 성립하려면 다른 나라에서 과연 성공할 수 있는가를 물어야 한다. 황의 법칙은 제품 엔지니어가 한 레이어를 맡고, 그 레이어에 맞는 반도체 공정을 개발하고, 다시금 그 공정에 맞는 화학 물질과 화학 반응기인 소재와 장비가 연결되어야 가능한 사상누각이었으며 모든 이들이 끌어올려야만 도달할 수 있었던 이어달리기였다.

물론 황의 법칙은 한국 반도체 산업의 중요한 이정표였다. 시스템 반도체의 집적도가 1.6년에서 2년에 2배씩 증가한다고 외쳤던 무어의 법칙이 삐그덕거리고, 점점 한계를 드러낼 때, 타도 인텔을 위한 삼성의 노력은 한국 반도체 산업을 세계 최고의 반열에 올려놓는 계기가 되었다. 이는 기술을 알지 못하는 경영자가 아주 쉽게 선택했다는 의사결정의 효과를 여전히 떠받드는 것보다는 훨씬 낫다. 반도체 개발 초기, 반도체의 수많은 공정을 어떻게 만들 것인가의 논쟁이 있었다. 곧, 어떠한 반도체 사람들도 쉽게 알 수 있고 혹은 반도체 산업과 유관된 투자자들 모두 알고 있는 '트렌치Trench' 방식과 '스택Stack' 방식이다.

"쉽게 생각해 보자. 물건을 만들 때 깊이 파는 것Trench이 쉬운가? 일단 쌓아서Stack 만드는 게 쉬운가? 쌓아서 만들자."

그룹의 총수가 의사결정 했다는 그 방향성은 지금 반도체 공정에서 어떠한 위치를 차지하지 않고 있다. 한국에 반도체 산업을 처음 시작했던 이는 강기동 박사였고, 최신의 생산 공정을 갖추었던 것도 그였다. 이를 헐값에 매각했던 일이 사재를 털어서 반도체 산업에 뛰어들었다는 헌신으로 와전되었다. 물론 어떤 사실도 부분적이지 않을 수 없다. 1970년대 단순 반복적인 반도체 조립생산에서 벗어나 반도체 최신 공정을 만든 강기동 박사가 실패했고, 그 지분을 매각하도록 이끌며 반도체 산업을 이끌었던 경영자에게 모든 공을 넘길 수도 있다. 그리고 그러한 경영자가 있었기 때문에 반도체 산업이 이토록 발전했다고도 볼 수 있다. 이러한 경영의 판단은 유효하다. 그리고 기술의 방향을 선택했다는 것도, 의사결정 상황도 기술자들의 면밀한 분석이 없었다면 불가능했다. 황의 법칙과 같은 말들이 산업을 이끌 수 있는 동력이 되듯이, 트랜치와 스택은 지금 반도체 공정에서 중요한 대상이 아니다. 선언이 유효한 시기가 끝나갈 때, 황창규 사장이 사임하고 황의 법칙은 사라졌으며, 사람들은 다시금 뛰어난 경영자의 말을 기다리고 있다. 리더가 사라진 곳에서 누구든 또 다른 리더를 찾고 있다.

한국 최초의 소자개발 CTF과 3D 반도체

2023년 말에야 CTFCharge Trap Flash memory의 저장 원리가 실증적으로 검증되었다.[*] 과학보다는 기술이 앞서가듯이 CTF는 한국이 최초로 만든 반도체 소자였으며, 황창규 시대 때 달성했고, 3D 반도체의 초석도 CTF를 기반으로 달성할 수 있었다. CTF의 세계최고 개발은 집적도와 용량 향상이라는 목표 달성도 있었지만, 전자 소자를 한국에서 만들었다는 의의가 컸다. 그간 플래시 메모리를 일본에서 만든 Floating Gate 소자 방식을 썼고, 이는 문헌상으로 확인하기는 어려우나 일정 정도 로열티를 지급해야 한다는 중론이 있었다.

'황의 법칙'에서 핵심으로 다루는 메모리 신성장론은 메모리 반도체의 지속적인 성능 향상을 의미하며, 그 대표적인 사례가 CTFCharge Trap Flash 기술이다. 이는 기존의 플래시 메모리 구조를 혁신적으로 개선한 소자로, 반도체 미세화의 한계를 돌파하기 위한 중요한 기술적 전환점이 되었다.

● 전자신문, 삼성전자, '플래시 메모리 저장원리' 밝힌 논문 세계적 학술지 게재, 23.12.15
https://www.etnews.com/20231214000325

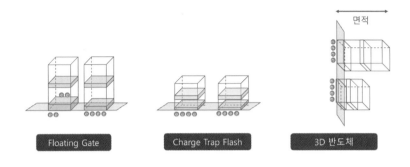

 면적

Floating Gate   Charge Trap Flash   3D 반도체

그림 4.2 반도체 Flash 메모리 개발, CTF 및 3D 반도체

CTF는 1970년대 일본에서 상용화된 FGFloating Gate 방식의 단점을 보완한 기술이다. 기존의 FG 구조는 소자 내부에 전자를 가두기 위해 도체와 부도체를 번갈아 쌓는 방식으로 설계되었다. 그러나 이 구조는 몇 가지 근본적인 문제를 가지고 있다.

먼저, 도체 부분이 두껍기 때문에 소자 간 간섭이 발생할 가능성이 크다. 이는 Coupling(간섭 현상)이라고 불리며, 소자와 소자가 서로 전기적으로 영향을 주는 현상이다. 이런 간섭 문제는 소자의 크기를 더 작게 줄이는 데 큰 제약이 된다.

반면, CTF는 전자를 얇은 부도체 층에 가두는 방식으로, 간섭 현상을 크게 줄일 수 있어 소자 미세화에 유리하다. 이는 플래시 메모리의 성능을 크게 향상시키고, 더 높은 집적도를 가능하게 만드는 중요한 기술적 진보로 평가된다.

FGFloating Gate 방식은 전자를 도체에 저장하는 전통적인 플래시 메모리 기술로, 여러 겹의 도체와 부도체가 교차된 구조로 이루어져 있다. 이 방식은 전자를 도체에 직접 저장하기 때문에 비교적 단순하지만, 소자 간 간섭 문제가 발생하기 쉽고, 미세화에 한계가 있다. 반면, CTF_{Charge Trap Flash}는 이름 그대로 전자를 Trap_덫에 가두는 방식으로, 부도체를 정보 저장 매체로 사용한다는 점에서 기존 FG 방식과 크게 다르다. CTF는 전자를 부도체 내에 저장하는데, 이를 위해서는 전자를 Trap에 가두고 꺼내는 과정에서 매우 정교한 물질 증착 기술과 열 처리 노하우가 필요하다. 이 기술은 단순히 구조를 바꾸는 것뿐만 아니라, 소자 내부 물질의 물리적, 화학적 특성을 정밀하게 제어해야 하는 고도의 기술이다. 2006년, CTF 기술은 연구개발에 성공했지만, 초기에는 양산성에서 큰 어려움을 겪었다. 하지만 이를 포기하지 않고 꾸준히 개선한 끝에, CTF는 3D 플래시 메모리라는 혁신적인 형태로 발전하게 된다. 이는 수직으로 쌓아 올린 구조를 통해 고용량, 고밀도의 메모리를 구현하는 데 핵심적인 역할을 하게 되었다. 결국, 이러한 진전은 단순히 공정의 개선을 넘어, 전자를 보다 효과적으로 조절하기 위한 새로운 물질 개발의 필요성을 강조하는 계기가 되었다. 이후 2010년 전후, 마침내 CTF 기반의 3D 플래시 메모리가 상용화되면서, 차세대 메모리 기술의 핵심으로 자리 잡게 되었다.

3D 반도체는 기존의 2D 평면형 반도체가 직면한 미세화의 한계를 극복하기 위해 개발된 기술이다. 전통적인 2D 반도체는 웨이퍼에 소자를 수평으로 배열하는 방식이지만, 소자 간 간섭 현상이 점점 더 심각해지면서 미세화가 점차 어려워지는 문제가 발생했다. 이를 해결하기 위해, 동일한 실리콘 소재를 수직 방향으로 배열하는 3D 구조가

등장했다. 이는 마치 단층 주택을 수직으로 쌓아 올린 아파트와 같은 개념이다. 실리콘 기둥을 세우고 그 주변에 소자를 형성하는 방식으로, 더 작은 면적에 더 많은 소자를 배치할 수 있게 된 것이다. 이 과정에서 CTFCharge Trap Flash 기술이 중요한 역할을 했다. FGFloating Gate 방식의 소자는 일반적으로 높이가 더 크기 때문에, 수직으로 배열할 경우 단면적을 많이 차지하는 문제가 있다. 반면, CTF 소자는 상대적으로 높이가 낮기 때문에 같은 면적에 더 많은 소자를 밀도 높게 배열할 수 있다. 결과적으로, CTF 소자의 낮은 높이는 단위 면적당 소자 수를 크게 늘려 메모리 용량을 향상시키는 데 중요한 기여를 했다. 이는 3D 플래시 메모리가 가능해진 핵심 기술적 진보 중 하나로 평가받고 있다.

3D 반도체 기술에서 가장 중요한 공정은 증착Deposition과 식각Etching이다. 이는 얼마나 정밀하고 균일하게 실리콘 기둥을 쌓고, 그 기둥을 얼마나 깊이 뚫을 수 있는가에 달려 있다. 기존의 2D 반도체에서는 소자의 크기를 줄이기 위해 주로 노광공정Lithography이 중요한 역할을 했지만, 3D 구조에서는 노광의 중요성이 상대적으로 줄어들게 된다. 이는 소자가 수직으로 배열되는 구조이기 때문에, 웨이퍼 표면의 수평 배열보다 기둥 내부의 수직 배열이 더 중요해졌기 때문이다. 먼저, 증착은 수직으로 세운 실리콘 기둥에 층을 쌓는 작업이다. 예를 들어, 초기에는 32층을 한 번에 쌓는 방식으로 약 1,000Å (옹스트롬) 두께의 층을 형성했다. 그러나 점점 더 많은 층을 쌓기 위해서는 각 층의 두께를 줄여야 하고, 이를 통해 전체 층고를 낮추는 것이

가능해진다. 다음으로, 식각은 이 쌓아 올린 층을 깊게 뚫어내는 작업이다. 층이 얇아질수록 식각 기술의 정밀도가 더 중요해진다. 이는 더 많은 층을 쌓을수록 각 층을 더 깊이, 더 세밀하게 뚫어야 하기 때문이다. 예를 들어, 초기에는 1,000Å의 두께로 식각을 했다면, 더 많은 층을 쌓기 위해 점점 더 얇은 두께로 식각을 진행해야 한다. 이처럼 3D 반도체의 용량을 확장하는 핵심은 단순히 소자를 설계하는 것이 아니라, 실제 생산 공정에서 얼마나 정밀하고 균일하게 기둥을 쌓고 뚫어낼 수 있느냐에 달려 있다. 현재는 300단 이상의 3D 제품이 상용화되고 있으며, 이로 인해 플래시 메모리의 용량 한계가 사실상 사라졌다는 평가도 나오고 있다.

그럼, 삼성과 하이닉스의 주력 제품인 DRAM이 왜 동시에 3D를 하지 않았냐면, DRAM이 스위치가 복잡하기 때문이다. 스위치를 조금만 더 확장해 소자라고 한다면, NAND는 Transistor(가변저항 Transfer+Resistor)라는 스위치만 있는데, DRAM은 Transistor(가변저항)과 Capacitor(축전장치, 전자저장소)를 두 개 다 쓰기 때문이다. 두 스위치를 모두 깊게 파서 만들기는 몇 배의 난이도를 가진다. 말하자면, 파기 위해 식각 공정뿐만 아니라, 스위치를 만드는 데 필요한 물질을 인체의 소장과 대장 융털돌기처럼 정말 얇게(nm 수준, 10-9m)만들어야 하기 때문이다. 그렇지만 DRAM도 3D를 준비중에 있으며 앞서 제시한 대로 소자 크기가 10nm 이하로 떨어졌을 때는 2D DRAM과 병행해서 개발과 양산을 진행하고 있다.

신성장론은 새로운 기술 개발 없이는 불가능했다. 게다가 일본의

소자를 쓰지 않고 자체 개발한 소자를 쓸 수 있다는 것은 이익률뿐
만 아니라, 업계 최초 개발이라는 자부심을 느끼게 해주는 계기였다.
2000년대 압도적 경쟁력으로써 삼성이 이름을 떨치고, 일본의 모든
전자회사 이익률보다 삼성이 앞서갈 때, 리더의 비전은 명확했고, 갈
일이 확실했다. 지금은 그 시절만큼의 한 방향으로 기술을 개발한다
고 수율과 품질을 확보할 수는 없으나, 끊임없이 새로운 기술을 개발
하고, 기술의 빈틈을 찾아내어 제품을 개발하는 비전 제시는 여전히
강력한 원동력이다.

지금 반도체 산업에서는 미래의 비전을 제시할 기술 리더가 필요하다.

자동화를 위한 선제적 단계

삼성전자가 추진하는 2030년 설비 무인화 전략은 수정이 필요하다. 디지털 트윈(아날로그 장치와 디지털 정보를 쌍둥이로 구축하는 방법) 기술이 공정을 정밀하게 예측하고 최적화할 수 있을 것으로 기대되지만, 실제 반도체 생산에서는 센서 데이터의 한계와 측정 오류가 존재한다. 반도체 공정 장비에는 130개 이상의 센서가 부착되어 있어 불량을 감지하고 공정 조건을 조정할 수 있으나, 측정 자체의 불완전성으로 인해 모든 공정을 자동화하는 것은 위험하다. 특히 나노미터(nm, 10-9m) 단위를 넘어 옴스트롱(Å, 10-10m) 단위의 정밀도를 요구하는 경우, 센서 데이터만으로 원인을 파악하기 어려운 불량이 발생한다. 근본적으로 LLM 기반 인공지능 기술을 활용하더라도, 현재의 언어와 이미지 정보로는 물질 기반의 산업 현장에 적용하는 것은 지능을 인공지능화하는 것보다 훨씬 난이도가 높다

설비 효율화를 위해 핵심 반응기인 챔버가 아닌 웨이퍼 이송 장치의 센서를 간소화하면, 예상치 못한 공기나 습기의 유입으로 공정 변화가 발생할 수 있다. 이는 원인 파악이 어려워 불필요한 PMPreventive Maintenance 예방보전 주기를 반복해야 하는 문제를 초래한다. 현재 FAB에서는 이러한 불확실성으로 인해 일부 공정에서 설비의 20%를 가동하지 않고 챔버 세정 작업을 수행하는 경우도 있다. 결과적으로, 공정

최적화보다는 비용이 올라가더라도 예방보전을 반복한다.

디지털 트윈이 수집, 진단, 예측, 처방, 최적화의 단계를 거치며 공정을 자동화하려 하지만, 현실적으로 측정 오차와 예측의 한계가 존재한다. 측정 장비의 높은 비용에도 불구하고, 나노미터 이하의 미세한 변화를 완벽히 파악하기 어렵다. 또한, 기존 배관 시스템을 3D 스캐닝하여 디지털 트윈을 구축할 수 있지만, 실제 공정 변경 시 이를 즉각적으로 반영하는 것은 불가능하다. 따라서 디지털 트윈이 공정의 변화를 완전히 반영할 수는 없으며, 단순한 공정 표준화나 노동 효율성 증대 이상의 역할을 기대하기 어렵다.

자동화를 넘어 무인화를 추진하는 과정에서 인간의 역할이 점점 축소되고 있다. 삼성전자는 2023년 제조 무인화를 위한 태스크포스를 신설했으며, 노동의 가치를 높이겠다는 명분을 내세우고 있다. 그러나 실제로는 노동조합 약화와 노동자 축소로 이어질 가능성이 크다. 반도체 FAB 내의 설비와 배관, 저장장치를 포함하면 수십만 개 이상의 장비가 존재하며, 이 모든 장비를 완전히 자동화하는 것은 현실적으로 어렵다. 따라서 공정의 변동성을 고려하지 않은 자동화는 오히려 품질 사고를 초래할 가능성이 높다.

반도체 생산 현장에서 인간의 역할은 단순한 측정을 넘어선 직관과 경험을 바탕으로 한 문제 해결에 있다. 과거에도 자동화로 인해 노동이 종말할 것이라는 예측이 있었지만, 결국 기술과 인간의 협력이 필요했다. 인간의 행위는 단순한 측정값을 넘어서는 것이며, 자동화와 최적화에 집착하는 것은 오히려 생산의 근본적인 문제를 간과하는 결과를 초래할 수 있다. 따라서 반도체 산업에서의 자동화는 인간과 기술의 균형을 유지하는 방향으로 나아가야 한다.

정보는 자동화, 일치화되지만, 물질과 노동은 측정되는 값 바깥의 결과가 많다

제품 개발의 난이도가 올라갈수록 FAB 현장의 미세관리가 더욱 중요해진다. 덮어놓고 생산과 제조 자동화를 드높일 수 있는 시기는 아니다. 소위 디지털 트윈을 중심으로 하는 일에는 결국 세밀한 값을 먼저 도출하는 반도체 센서부터 필요하다. 이는 제조생산 체계의 수많은 장치를 설계도와 같은 3D 도면으로 만들어서 실제와 쌍둥이인 정보체계를 구축하겠다는 의미이다.

디지털 정보끼리는 자신들만의 완벽성을 구성할 수 있다. 검증은 측정에 달려있으며, 측정할 수 있어야 엔지니어링과 개선이 가능하다. 동시에 측정이 되지 않는다고 문제가 없다고 말해서는 안된다. 반도체 설비 1대에는 130여 개나 넘는 센서들이 달려있으며 이는 설비에 불량을 인지하고, 불량을 진단해서, 미리 예견해서 공정 품질의 변화가 있지 않다면, 실시간으로 공정 조건의 변화를 줄 수도 있다. 어떤 값들은 디지털 트윈에 가깝게 운영되고 있다. 900개 공정의 레시피가 PM 주기마다 약간의 변화를 겪는다. 이유는 다양하나 결국 반응기 내에서 물질 변화와 공정 변화가 주원인이다.

증착 공정은 PM 이후에 설비를 재가동한 초기의 증착 속도가 PM 주기에 다시금 가까워질수록 감소한다. 이를 예견하고 증착 시간을 조금 더 늘릴 수 있다. 그렇지만 같은 증착 결과여도 관련된 특성이 달라질 수 있어서, 증착 결괏값의 다른 측정이 필요하다. PM 주기에 따라서 공정이 예측할 수 있는 경우에 아래 디지털 트윈의 6단계인 처방까지 내려진 결과이다. 그렇지만 공정은 설비의 수많은 센서 데이터를 기반으로 만들어진 둥둥 떠 있는 숫자에 불과하다. 만약 증착 속도만 고려해서 자동으로 값을 조절했다가 어떠한 변화가 생겼을 때 이를 알아채지 못하고 큰 품질 사고로 등장할 수 있다.

단계	수집	맥락	기술	진단	예견	처방	최적화
핵심	개더링	모델링	모니터링	해프닝	윌-해프닝	변화관리	지속적
기술	Edge/ Cloud	Edge- UNS*	On-Das hboards	Analyze	M/L	Simulation	Closed Loop

데이터수집부터 최적화까지 디지털 트윈의 절차**

근본적으로 측정되지 않는 현상은 논리적으로 엔지니어링이 불가능하다. 반도체 현장에는 그러한 일들이 너무나도 많이 벌어지고 있다. 특히 나노미터를 넘어서 옴스트롱 단위로 관리를 해야 하는 경우, 원인 모를 불량에 이르기도 한다. 측정되지 않은 공기나 습기의 유입으로 추가적인 반응이 일어난다면 그 원인을 찾기가 상당히 어려워

● UNS: Unified NameSpace, 측정되지 않은 값 이름 붙이기
●● https://semiengineering.com/digital-twins-find-their-footing-in-ic-manufacturing/ figure.1 저자 편집

서 수천만 원에 달하는 PM을 뜻 모르게 반복할 수밖에 없다. 이러한 원인 불명의 공정 변화가 두려워서 현재 FAB에서도 특정 공정의 경우 값비싼 가스를 써서 공정을 진행하지 못하고 내부 클린을 진행하기 때문에 설비 가동률이 감소하게 된다. 공정 변화의 원인을 명확하게 파악하지 못하면서 설비 가동률은 떨어지고, 비용 절감과 문제 해결을 위한 새로운 시도보다 안전한 방식을 반복하기만 하고 있다.

생산 자동화는 어떻게 변할 줄 모르는 제품개발로 다시금 불가능해진다. 이 일에 적용될 수 있는 수많은 통계적 착각은 인간에게는 사상누각의 안락이었거나, 우직하지 못한 현명함이다. 무언가를 새롭게 만들면 끝없이 자동화해 버리려는 이 무한 반복과 같은 노동의 굴레가 계속된다.

진동, 습도, 온도의 측정은 계속 세밀해지며, 측정값은 때에 따라서 신뢰도가 감소한다. 결국 측정도 광자의 다양한 반응을 통해서 어림잡을 수밖에 없다. 이 어림잡음이 현재 기술로써는 혹은 어쩌면 이후에도 나노미터 아래까지 세밀하게 보기는 어렵다. 수백억 원의 장비 크기도 크기려니와 비용을 감안했을 때, 모세혈관만큼 깊이 들어찬 배관과 물질 보관하는 크고 작은 소재 저장고는 물론, 설비의 미세한 움직임을 감지하기 위해 센서는 어디까지 필요한 것이며, 센서는 어디까지 측정할 수 있는 것인가도 이론적, 실천적 검토가 필요하다.

더욱이 설치 시 정보는 셋업될 수 있으나, 그것의 변화 관리는 운영되지 않는다. 반도체를 만드는 곳에서 정보를 통해 반도체 생산에 제약을 가한다면 핵심 역량을 높일 수 없게 된다. 아날로그 정보를 디지털로 바꾸고, 디지털 정보로 구축된 지성과 이성의 영역이 저변의 모든 원인을 조절할 수 있다는 믿음은 의지에 불과하다.

온몸이 센서투성이인 인간은 그 반대다. 생물종으로써 인간이 오랜 시간을 거쳐 겪어낸 감응과는 전혀 다른 방식이다. 인간의 행위는 측정보다는 삶 자체의 움직임이다. 근대적 기술 발달이 계속 세밀한 측정을 요청하며 인간을 대체하려 들지만 측정은 과거이고 행위는 미래이다. 원핵생물부터 진핵생물까지 세포라는 생물과 무생물의 경계를 가능하게 한 것은 르네상스 시기 신의 전지전능을 인간으로 옮긴 '이성'이 아닌 '감정'이다. 슬픔과 기쁨은 온몸에 가득하다. 세포가 죽지 않기 위해 벼려왔던, 세포가 살기 위해 누구를 죽여야 했던 행동은 감정에서 기인한다. 근대적 지식에서 출발한 '과학'은 '기술'보다 앞설 수는 없다.

인간이 그나마 생물종과 비견되는 것을 '지속'이라고 한다. 이는 스피노자가 말했던 살아있음을 계속하려는 능력인 코나투스Conatus*에서 이어지는데, 주지주의의 철학들이 니체, 프로이트 등에 의해서 무너진 상황에서 과학은 그것 조차를 그럴듯하게 만들 수 있다고 가정하고 있다. 감정마저 물질 현상의 결과인데, 감정마저 얼기설기 엮은 측정 가능한 정보로 만든 이성을 하나의 이상향으로 생각해서 계속 최적화에 매달리고 있는 현상은 반도체 현장에서 필요성과 효과성에 대한 의문을 생기게 하며, 근본적으로 이를 조절하고 개발해야할 인

● 베네딕투스 데 스피노자 지음, 『에티카』, 조현진 옮김, 책세상, 2019

간 행위의 근본을 건드리게 된다.

수공업 기계장치를 보고 인간의 노동이 종말이 될 것으로 생각했던 노동자들은 러다이트 운동을 벌였고, 정보산업이 등장한 뒤에 AI까지, 인간의 노동에 으름장을 놓고 있는 지금, 네오 러다이트 운동도 심심치 않게 생겨나고 있다. 자동화를 넘어선 무인화는 인간에게 더 높은 부가가치를 요청한다는 사탕발림으로, 노동조합과 노동 혐오를 일삼는 이들에게 '노조의 미래'라고 힐난하며 으름장으로 작용한다. 실제 FAB 설비만 수만 대에 이르며 배관과 부대설비, 저장장치까지 고려하면 수십만 대가 훌쩍 넘은 현장은 과연 어떤 문제가 생길 것이며 책임질 수 있는 인간의 자리는 어디에 있는가?

삼성에서 전설처럼 내려오는 이야기가 있다. 수소 분자보다 분자 내에 수소 원자가 더 많아서 공기 중에서 폭발적으로 반응하는 가연성 기체 사일렌SiH4, Silane는 대표적인 반도체 화학물질인데, 해당 가스 라인에 누출이 발생해서, 활화산처럼 배관에서 불길이 솟았다. 누구도 접근 자체를 두려워하는데, 어떤 임직원이 부리나케 달려가서 불이 나는 배관에 들어오는 사일렌 가스 벨브를 닫는 바람에 그가 정년퇴직할 때까지 삼성에 다닌다는 전언이다. 전설처럼 내려오는 무용담이 아니더라도 현장에서 몸과 마음을 소진하면서까지 회사의 발전이 자신의 성장이라고 여겼던 이들의 자국이 남아있다. 뒷방늙은이가 되어버리고 자동화로 퇴직의 기로까지 내몰리고 있는 사람들에게 대기업은 경제적으로 따뜻하지만 더 이상 마음이 머무르지 않는 공간이 된다. 경제적 버팀의 바탕에는 자신을 존중하지 않는 회사에 대한 복잡한 감정이 담겨있다.

위험의 외주화로 사람이 죽었다

인사팀 사람들이 아침부터 분주하게 움직이고 있었다. 새벽녘 작업을 하던 배관 협력사 직원 중에 작업을 마치고 급히 병원으로 실려 가 사망했고, 4명은 큰 부상을 당했다. 반도체 공정에서 쓰는 강한 산성 용액이 노후 한 배관을 타고 흘러나왔기 때문이다. 무색무취의 용액이 호흡까지 스며들었다. 회사는 그 소식을 감추다가 오후가 되어서야 알렸다.

특히 IMF 이전에는 반도체 라인의 모든 물질의 운반이나 화학 반응 그리고 유지보수를 제품 엔지니어들이 직접 수행했지만, 비정규직 고용과 외주화가 시작되면서 협력업체가 그 자리를 메꾸기 시작했다. 저임금을 베이스로 한 위험 작업의 외주화는 도서관 사서, 구내식당 여사님, 사무실 청소 등과는 성격이 달랐다. 저임금 노동과 위험의 외주화는 사회적 죽음인 고용과 물리적 죽음인 생명을 협력사 임직원에게 모두 전가하고 있었다.

직원들은 소식을 몸으로 들은 것이 아니라 데스크탑 뉴스 소식을 통해 들었다. 다들 쉬쉬하고 관련 부서에 메신저조차 하기 꺼렸다. 사람들은 통제되어 있고 말이 나올까 봐 조심했다. 사무실에서는 더욱

침묵했고, 현장에서는 라인과 더 가까웠지만 그들도 알지 못했기에 말하지 않았다. 사실 층마다 차단이 되어있고, 화학물질을 바로 배기로 뺄 수 있는 장치가 있기 때문에 다른 곳으로 퍼지지는 않았지만, 사람이 다치고 사라진 소식이 퍼지지 않는 것은 사회의 근본 윤리에 맞지 않았다. 사고 난 지 16시간이 지나서야 사고를 인정했고, 그다음 날에 사업장 앞에는 수많은 취재진과 정치인들이 모였다. 국회 환경노사위원회의 의원들이 입장하려는데 보안요원들이 국가 1급 기술을 다루는 사업장이라며 출입 신청을 해야 한다는 원칙을 말하며 실랑이했다. 이미 장소는 모두 청소가 되어있었다. 끔찍한 매끈함이 있는 곳에 아무런 흔적도 남아있지 않았다.

사업장 근처 주민들은 가장 청정하다는 반도체 산업에서 그렇게 위험한 물질을 쓰고 있었냐며 들고 일어났고, 사업장 근처 가로수 이파리의 성분을 분석해서 불소 함유가 기준치 이상인지 알아보라고 했다. 홍보팀에서 국내 언론과 지역사회 이야기를 귀담아듣느라 매일 야근에 술자리가 이어졌다. 처음으로 환경안전이라는 단어가 수면으로 떠오른다.

안전, 오랜 시간 임직원들의 마음 깊은 곳에 있었던 단어였다. 자기 옆의 사람이 가끔 사라졌던 그 기억들, 말로 꺼내지도 못하고 숨죽여 이야기하는 이슈들이 십년 동안 아무런 이야기가 없는 척하다가 몸으로 드러나 버렸다. 이제는 그 옆자리의 동료가 아니라 다른 근무복 입고 다른 사원증을 목에 걸고 들어오는 몸으로 드러났다.

몇 달 떠들썩하다가 일상으로 돌아갔다. 대부분 직원들도 달라진 것은 아무것도 없었지만 그때부터 시작된 경영 구호 '환경안전이 제 1의 경영 원칙'이라는 낯선 말이 언론을 도배하고, 회의 발표 자료 오른쪽 하단에 마스터 슬라이드에 박혀있었다. 10매의 발표 자료에 항상 쓰여있는 그 문구는 어떤 회사에게는 그리고 어떤 이에게는 삶의 마지막 자국이었다. 물론 그들은 이름도 없이 사라져갔고, 그들의 이름을 아는 이들은 이 자국을 알지 못했다. 반도체는 여전히 몸이고 물질인데도 반도체를 만드는 회사는 이미지와 이상을 향해 가는 것 같았다.

회사의 몸은 사람에게서 나오고, 사고 이후 회사에서는 환경안전 담당 부서의 인력과 규모를 엄청나게 확보하기로 방향을 정한듯 보였다. 제조 기술 임원의 경우 환경안전 업무를 필수 경영평가 요소로 넣었고, 환경안전부서를 각 사업장으로 확대했다. 임직원 교육을 확대하고, 법규제 전문가들을 영입하고 양성하기 시작했고, 마지막으로 현장을 잘 알고 있는 사람들을 환경안전부서에 배치함으로써 환경안전 점검부터 환경안전에 기반한 업무 프로세스를 잡는 일까지 추진했다. 회사는 그렇게 늦었지만 업무를 변경하기 시작했다. 자동화에 따른 90%의 유휴 인력들이 기술팀 쪽이 아니라 환경안전부서로 재배치 받는 것으로 방향이 달라졌다. 제조 인력들을 기술팀도 받기 꺼려했고, 제조 인력들도 일정 수준 부담감을 느끼긴 했다. 재배치되는 오퍼레이터들은 불안한 마음에 반도체 공정, 설비관리, 제품 이해 등의 교육을 받고 공정 모니터링 엔지니어, 설비 엔지니어가 되는지 궁금했지만, 회사의 지침을 따라야 하는 것이 오랜 습관이었다.

반도체 칩은 사람이 만든다.

반도체 제품 미세화는 반도체 산업에서 최일선 과제이다. 반도체 생산에 있어서 스위치 크기를 줄여서 좁은 면적의 용량을 높이는 방식이 집적도의 향상이라고 하거나, 미세화라고 말한다. 집적도를 향상하는 방법은 분모와 분자의 크기를 모두 넓게 함으로써 가능해진다.

첫 번째, 분모를 줄이는 방식이 바로 미세화의 영역이다. 무어의 법칙을 부르짖던 시기에는 상상도 할 수 없었던 스위치 개수가 그 좁은 면적에 가능하게 된 비결이기도 하다. 미세화는 "그렇구나"라고 넘길 수 없는 반도체를 만드는 이들이 가진 가장 큰 숙명이면서 괴로운 단어이다. 이 미세화를 달성하기 위해서 제품 엔지니어들은 매년 JEDECJoint Electron Device Engineering Council에서 반도체 제품의 규격을 확인해야 한다. 폰 노이만 구조에서 시스템 반도체, 메모리 반도체, 그리고 기타 연결장치 들은 어떠한 사양을 지녀야 하는지 논의한다. JEDEC 가입은 수백 달러 정도만 내면 가능하지만, JEDEC의 의사결정기구인 이사회가 되는 것은 규격을 정할 수 있는 권한을 누리게 되는 것이다. 1940년대 초기 만들어진 JEDEC의 전신 JETCJoint Electron Tube Engineering Council는 이토록 커질줄 몰랐던 '전자관electron Tube의 규격을 정하는 몇몇 회사의 모임이었지만, 전자산업의 발흥에 따라서 미국을 중심으로 하는 선진국에서 반도체와 컴퓨터 제조를 하는 회사로 확대되었다. 그래도 서구와 일부 아시아 국가만 대상으로 하며 그들의 이익을 대변할 수밖에 없다. 전자제품의 가장 기반이 되는 트랜지스터부터 컴퓨터용 전자장치Device에 대한 규격을 결정한다. 현재는 10nm 급 반도체를 만들고 있다. 해당 선폭이 가능하도록 하는 반도체 소재, 부품, 장비 기술이 동시에 요구된다.

　두 번째로 분자의 크기를 넓히는 방식이 웨이퍼 크기 증가이다. 강기동 박사가 1974년에 '한국반도체'를 설립할 때 4인치 웨이퍼가 최신 공정이었다고 한다면, 점점 그 크기는 늘어났다. 크기가 늘어날수록 면적은 크기의 제곱으로 증가한다. 물론 공정은 상당히 어려워진다. 후발 주자였던 국내회사가 1983년에 기흥에 1라인을 건설하고, 10년 만에 DRAM에서 전 세계 1등이 되었던 것이 추격자에서 선도할 수 있는 역할로 바뀌었다면, 그 이후 10년 뒤 2003년에 삼성은 처음으로 임직원에게 특별 보너스를 지급할 정도로 수익성의 개선을 가져올 수 있었는데, 여기에는 바로 8인치와 12인치 웨이퍼로 반도체 웨이퍼 크기를 향상시켰던 도전과 그에 걸맞은 투자와 기술개발이 있었기에 가능했다.

　특히 8인치 라인을 처음으로 만들었던 삼성 K8 프로젝트는 IMF 전후로 회사가 망할 뻔했던 시기를 살려낸 경영진 의사결정이고 임직원들의 헌신이었다. 삼성은 8인치와 12인치로의 확대 투자의사 결정을 할 때마다 위기가 찾아왔지만, 그것을 수많은 노력을 통해 성과로 창출해 왔다. 하이닉스 또한, 블루칩 계획을 통해서 0.15um(150nm) 제품을 성공적으로 안착했다. 삼성은 강력한 구조조정과 위기 시 투자 확대를 통해서 IMF 이후 IT 버블에 따른 반도체 경기 반등 사이클에 제대로 타고 올라왔던 것과 달리 하이닉스는 사내외로 큰 시련을 당하고 있었다. 특히 하이닉스는 IMF를 맞이해서 회사별 국내 중복 사업을 매각하는 빅딜을 거쳤을 때, 현대전자를 매각하고, LG 반도체 또한 사들이면서 엄청난 부채를 떠안게 되었다. 블루칩 계획은 현대와 LG라는 전혀 다른 기업문화를 가졌으면서도 또한 속속들이 다른 기술 조건을 가졌음에도 이를 수평적으로 통합해서 동일 조건으로 제작하기 시작했다. 현대의 이천, 청주의 LG, 그리고 해외 법인까지 모두 동일한 공정을 쓰도록 하며 설비투자의 부담을 줄였고, 게다가 신규 설비투자 없이 기존 설비로 제품 개발과 양산에 성공함으로써, 해외 매각까지 고려했던 회사를 되살리게 되었다. 그만큼 수많은 공정과 설비를 거쳐야하는 반도체 생산은 미세화되는 제품의 수율에 매진할 수밖에 없다.

제품 미세화와 생산성 증대는 두 조건 모두 제품 가능한 반도체 칩의 개수를 늘려야 한다는 과제에 점철되어 있다. 모두가 달려있는 그 수율은 Yield라고 한다. 영어로 Yield는 '양보하다'의 의미도 있지만, 반도체에서 수율은 절대로 물러설 수 없는 것이다. 거꾸로 보자면, 너와 나의 생명을 위해서 다른 것은 다 포기하고 내려놓을 수 있다는 의미의 양보도 다른 것은 모두 포기해도 반도체 산업에서 수율만은 지

● 하이닉스반도체, '블루칩' 프로젝트로 세계 최고 수준 경쟁력 확보
https://news.skhynix.co.kr/presscenter/blue-chip-project

켜야 한다는 것을 의미한다.

　이 수율이 강기동 박사는 물론, 연구개발을 담당한 황창규 사장, 그리고 제조 담당 공장장 김재욱 사장에게도 가장 중요한 결과 지표이다. 강대원 박사가 새로운 소자를 만들었다 하더라도, 화학 반응기와 배관, 그리고 방진복이 없다면 반도체 제품은 태어날 수 없다. 구상이 실행되는 이 순간은 연구와 제조라는 이분법으로만 설명할 수 없다. 그 모든 절차에는 사람이 있고, 그들은 생산자이며 기술자이자 전문가이다.

　반도체를 만드는 실리콘 판, 웨이퍼에 생명을 불어넣는 일이 만만 찮기 때문이다. 반도체 제품은 집적도를 올리기 위해서 스위치인 트랜지스터가 혼자 있는 것이 아니라, 매우 좁은 면적에 밀집해서 있어야 한다. 그러려면, 전자가 흐르는 영역과 흐르지 않는 영역의 구분이 필요하다. 그리고 스위치가 켜지고 꺼지는 것을 미세하게 조절하기 위해서는 배선도 복잡하게 연결되어 있다. 대학의 실험실에서 소자를 만들어서 특성을 보는 것과 전혀 다르게 배선층도 상당히 다양하게 구성되어 있다.

　반도체는 기본적으로 소자를 만드는 부분과 소자에 전력을 공급하는 부분으로 구성된다. 이를 각각 FEOL~Front-End of Layers~과 BEOL~Back-End of Layers~● 로 나눈다. FEOL은 반도체의 핵심 소자인 트랜지스터와 캐패시터를 형성하는 층이다. 이 층은 소자의 논리적 동작을 담당하

● FEOL: Front End of Layers, BEOL: Back End of Layers

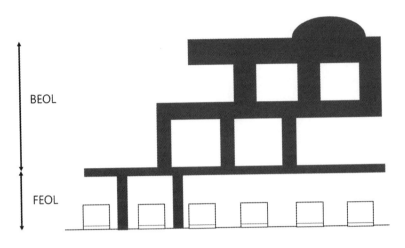

그림 4.3 반도체 제품 단면도

며, 반도체의 성능을 결정하는 중요한 역할을 한다. 반면, BEOL은 소자에 전력을 공급하는 층으로, 맨 아래는 소자와 연결되고, 맨 위는 패키지 배선과 연결되어 있다. 이 층은 소자들이 전기 신호를 주고받을 수 있도록 연결하는 역할을 하며, 소자의 작동을 지원하는 중요한 구조다. 반도체의 미세화는 이 두 층의 크기를 모두 줄여야 가능하다. 현재 반도체 기술은 약 10nm 수준으로 발전했는데, 이는 100μm를 단위로 환산하면 100,000nm이므로, 약 1,000배나 더 작아진 것이다. 이런 작은 소자는 육안으로는 볼 수 없으며, 초고정밀 전자현미경을 통해서만 관찰할 수 있을 정도로 미세하다.

BEOLBack-End of Layers에서 배선의 크기는 일반적으로 피치Pitch라고 부른다. 이는 배선 간격을 의미하며, 소자의 크기와 연결되는 중요한 요소다. 배선은 최종적으로 패키지 배선과 연결되는데, 패키지 배선은 여전히 마이크로미터μm 단위로 형성된다. 따라서 FEOLFront-End of Layers에서 시작된 미세한 소자 배선은 BEOL을 거쳐 패키지 배선에 도달할 때까지 점차 그 두께가 넓어지게 된다. 예를 들어, BEOL의 맨 아래 층은 일반적으로 소자의 약 2배 정도의 피치로 시작하여, 층이 올라갈수록 점차 배선이 굵어지며 패키지와 연결되는 맨 위의 BEOL에서는 수백 나노미터nm 수준에 이른다. 이는 소자의 전기적 신호를 안정적으로 전달하기 위해 필수적인 구조적 변화다.

이러한 층을 만들기 위해서는 전기를 흐르는 도체, 전기를 선택적으로 흐르는 반도체, 전기를 흐르지 않는 부도체가 있어야 집적회로가 가능하다. 각 층은 복잡한 절차가 있다. 이러한 절차를 통해서 각 층에서 만족하는 전자제품의 특성을 만들어야 한다. 이런 엔지니어가 전자과 출신의 제품 엔지니어이다. 각 층마다 복잡한 절차는 결국 제품의 성능을 위해서 구성되는데, 각 제품의 크기가 점점 줄어들면서 제품 엔지니어●들은 좁은 공간에 더 많은 소자와 배선을 넣어야 한다. 그러면서도 전자제품으로써 반도체 특성을 충분히 만족해야 한다. 이것은 물질로만 가능하기 때문에 반도체 공정이 있다.

통상 다른 산업에서 공정은 JITJust In Time이나 Lean 생산, Cell 생산, 컨베이어 벨트 생산 방식 등을 말한다. 생산의 방식을 어떻게 하면 개선할 수 있느냐는 공통적인 목표이지만, 반도체는 직접적으로 화학

● 통상 대기업 직무구분으로 이를 삼성은 공정설계 직무, SK하이닉스는 소자 직무라고 구분한다.

반응 자체가 공정의 성격을 구성할 수 있기 때문에, 공정은 곧 물질의 변화를 다룬다. 반도체 제품이 결국에 수많은 전자제품에 활용되기 때문에 TV를 제조하는 사업장에서 반도체 공정 절차에 대해 알고 싶다며 강의 의뢰를 했는데, 화학 반응을 이야기하자 모두가 낯설어했다.

반도체 공정 미세화는 제품 엔지니어의 설계도대로 물질을 배열하는 것과 마찬가지인데, 미세화가 될수록 그 방법이 어려워진다. 특히 서브마이크로 미터submicro meter 공정까지만 해도 제품 엔지니어들의 설계도대로 공정을 진행할 수 있는 여유, 혹은 마진이 있었다. 그렇지만 2005년에 들어서면서 반도체 공정은 초미세 공정hyper shrinkage이라는 변화를 맞게 되는데, 이때 공정상의 변화가 상당폭 일어나면서 설계도대로 공정 구현이 어려워졌다.

반도체 공정 절차는 개수나 난이도가 점점 증가하고 있다. 한 제품을 만드는데 통상 40개 정도의 층을 만들어야 한다. 40개 층은 제품 엔지니어가 담당하고, 층마다 설계도를 입히고 설계도대로 모양을 깎고, 필요한 물질을 입히는 공정이 반복되는데, 통상 그것을 노광, 식각, 증착 공정이라고 한다. 이는 8대 공정으로 세분되는데, 이 공정의 이름이 중요한 이유는, 해당 구분이 곧 공정 엔지니어와 함께 일하는 설비 엔지니어●들의 업계에서 자신의 세부 직무명이자 브랜드와 같기 때문이다.

노광 기술팀에는 공정과 설비 엔지니어가 함께 일하고 있으며, 식각 공정은 그 방식에 따라서 Dry Etch, Cleaning, CMP●● 공정으로 구분한다. Dry Etch는 Photo 공정을 통해 반도체 웨이퍼에 설계도가 입혀지면, 식각 물질을 수직으로 조절해서 설계도대로 깎아서 웨이퍼의 물질을 필요한 대로 깎아낸다. Cleaning은 Wet Etch라고도 불리며, 주로 액체인 chemical을 활용해서 웨이퍼 전면을 수평으로 깎아내거나 웨이퍼에 불필요한 불순물을 없애는 데 쓰인다. CMP 공정의 경우 반도체층의 맨 마지막에 웨이퍼와 물질의 굴곡을 평탄화하기 위해 맷돌처럼 웨이퍼를 연마하는 공정이다. 식각 공정은 그 목적에 따라서 세분화된다.

반도체에 필요한 물질이 반도체, 도체, 부도체인데, 이것을 웨이퍼에 만드는 공정을 증착이라고 한다. 증착 공정은 무엇을 만드느냐로 세분화한다. 반도체를 만드는 공정과 설비 엔지니어는 Diffusion(확산)공정이다. 도체는 Metal 공정이며, 부도체는 CVD 공정에서 만든다. 그리고 증착이라고 할 수는 없으나, 반도체 스위치의 전자를 공급하기 위해 웨이퍼 표면에 전자의 공급원인 이온을 주입하는 이온 임플란타 공정이 있다. 이를 통상 반도체 공정의 8대 공정이라고 부른다. 반도체 웨이퍼 상태에서의 공정을 앞선 FEOL과 BEOL의 층 구분과 달리 전공정과 후공정으로 나눈다.

앞서 TV를 만드는 부서는 반도체가 까맣게 탄소 소재인 에폭시 물

● 공정 엔지니어와 설비 엔지니어를 구분하여서 삼성은 공정 기술, 설비 기술로 통칭하고, 하이닉스는 연구개발 공정 직무를 R&D 공정, 수율을 올리는 공정, 설비 엔지니어를 통칭하여 양산 기술이라고 부른다.
●● 평탄화, Chemical Mechanical Planarization

질로 둘러싸여 있고 중간중간 배선이 있는 것으로만 보일 텐데, 이러한 겉 포장인 패키지 소재와 직접 전자제품과 연결하기 위한 배선을 만드는 공정을 후공정이라고 한다. 반도체 역사에 따라서 후공정의 변화도 상당폭 진행됐고, 2020년대에 이르러 CMOS 1.0에서 2.0이라는 변화를 겪게 되면서 전공정이 반도체 제품 발달에 영향력이 커졌다. 전공정의 미세화가 어려워진 측면이 있다.

이토록 반도체 미세화는 갈수록 다양한 성능 평가, 전공정, 후공정, 소재와 장비의 개발과 연동한다. 웨이퍼에 직접 만들어야하는 이 기술은 그렇기 때문에 결코 하루아침에 이뤄지지 않는다. 인간을 위해 반도체가 만들어지고, 반도체는 인간이 만든다. 한 번도 달라진 적이 없다.

신이 존재하는지, 신이 만들어졌는지 알 수는 없다. 그래도 천지는 있다. 천지는 수 많은 입자로 이뤄져 있다. 새로운 원자는 별에서 태어난다. 중심 온도가 수억 도에서 수십억 도가 되었을 때 원자핵은 척력을 이겨내고 서로 붙어서 새로운 원자가 나온다, 초신성 폭발이 되었을 때, 그 힘으로 원자들은 흩어지고, 또 다른 별로, 그 주위를 도는 행성을 만든다.

인간은 물질을 새롭게 만들 수 없다. 인간은 물질을 새롭게 배열할 수 있을 뿐이다. 인간이 고안한 가장 미세한 물질 배열이 나노기술이며, 나노기술이 가장 깊이 침투해있는 산업이 반도체이다. 실리콘 웨이퍼에 노광, 식각, 증착 공정을 거친 물질이 반도체인 트랜지스터와 캐패시터를 만들고, 이들을 구분하기 위해 절연막 부도체를, 이들에게 에너지를 공급하기 위해서 배선인 도체를 만든다.

이 물질이 없이는 어떠한 설계도 현실화되지 않는다. 오랫동안 반도체는 전자 신호 처리를 위한 도구로 활용되어 왔고, 전자산업이 발달할수록 반도체는 그 복잡한 기능을 한 칩에 더 담아내려고 애를 쓰고 있다. 전자제품의 소비자는 알 수 없으나, 생산자들은 갈수록 복잡한 제품, 그리고 설계를 만들어내야 한다. 한 치의 오차가 아니라 한 원자 크기만한 오차가 있으면 제품 생산이 어려워진다.

여전히 설계의 중요성을 역설하고 있으나, 그 바탕의 나노기술의 양산성 확보를 위한 생산 자체의 연구 개발화가 시급한 상황이다. 외주화, 자동화로 가능했던 영역의 한계가 다다르고 있다. 모든 것이 설계도 모양대로 만들어진다면, 인간은 물질의 근본적인 원리를 터득한 이후일 것이다. 원자 단위로 관리해야하는 반도체의 대량 생산 체계를 생산으로 바라봤던 시선을 이제는 탈피할 때다.

인간이 없었으면 '천지'와 '태초'를 명명하는 일도 없었다. 한시도 같은적 없는 인간과 인간을 둘러싼 환경을 천지 혹은 World라고 부르는 근본도 없는 언어로 연결된다. 대상과 명명은 논리적인 인과성이 없다. 인간은 결국 물질의 변화를 알아차리기 위해서 계속 측정하고 분석하고 논리를 만들고 기술적 장치를 구성하고 해석하기 위한 지성을 활용하며, 숙련된 문제해결 능력을 높이고, 꺼림직하고 충만한 감각도 벼려야 한다.

'준영아 이제 30nm가 되면 반도체 공장이 다 팔리고 골프장이 될 거야'라고 말했던 삼성전자의 지도 선배는 여전히 반도체 회사에서

10nm 초반의 반도체와 300단이 넘는 3D 반도체 개발에 힘쓰고 있다. 그의 예측은 또 다른 기술 발달에 따라서 틀렸지만 그도 그 시절의 기술 최전선에서 비판적인 견해를 펼쳤다. 이 문장을 입력하게 되면, 컴퓨터에서는 한글 자판의 입력 값을 유니코트인 16진법으로 바꾸고 이는 다시금 반도체에 0,1의 무한한 숫자로 변경된다. 이는 인간의 언어 – 16진법 – 2진법의 변환에 대한 약속이다.

현대의 대규모 언어 모델LLM, Large Language Model은 거대한 0과 1의 데이터를 입력하고, 복잡한 행렬 연산을 통해 발전해왔다. 이는 기본적으로 16진법과 2진법 (0과 1) 사이에서 반복적인 연산을 통해 규칙을 만들어내는 과정이다. 0과 1 사이의 이러한 디지털 정보는 컴퓨터 내부에서 복잡하게 연결되어 있지만, 인간이 바라보는 세상은 훨씬 더 복잡하고 다양한 의미를 포함한다. 마치 우리가 세상을 '천지'나 'world'로 간단히 부르지만, 그 속에 수많은 요소들이 얽혀 있듯이, 0과 1로 이루어진 연산 결과와 인간의 언어 사이에는 직접적인 연결이 없다. 이는 통약 불가능성의 문제로, 기계적 논리와 인간 언어의 본질적인 차이를 의미한다. 그럼에도 불구하고, 인간은 이러한 제한된 데이터와 규칙 속에서 의미 있는 가치를 끌어내고 있다. 이는 우리가 복잡한 세상을 단순한 언어로 표현할 수 있는 능력과 기계가 단순한 0과 1로부터 고차원적 의미를 도출하는 능력 사이의 미묘한 균형을 잘 보여준다.

그런 끊임없는 불협화음이 반도체의 수직적 생산 체계에 대한 이해를 더 높이고 더욱 안전하면서도 성장 가능한 산업을 만들어 낼 수 있을 것이다. 기술 고도화는 결국 그나마 통약불가능한 정보에서 가능하다. 그렇지만 정보는 현실은 아니다. 고도로 발달했다고 여겨지는 인공지능 기술도 여전히 통약불가능하지만, 활용되고 있다. 그래도 0,1은 인간의 언어가 아니다.

한국 반도체는 어떠한 미래로 그려질 수 있을까? 1,0의 조합을 통한 예측과 예상은 과거의 데이터를 기반으로 하기 때문에 알 수 없다. 그리고 1,0로 명확하게 구분되지 않을 것이다. 그저 반도체 산업에서 먹고살기하는 모든 사람들의 한 땀 한 땀 노력을 통해서만, 점진적인 발전을 통해서 경쟁력을 강화할 수 있다.

한국 반도체의 미래에 대해서 좁은 시선으로 바라봤을지라도, 두 가지 정도의 성과를 부족하나마 정리해 보고자 한다. 한국 반도체의 기념비적인 압축적 성장에도 불구하고 계속되는 재생산의 위기와 발전의 기회 한가운데 서있음을 보여주고 있다. 그렇지만 경영의 측면에서는 장악에서 협력으로, 권한과 책임을 명확히 하는 것으로, 실제 부가가치를 창출할 수 있는 인력들에 대한 존중을 통해서만 가능할 수 있다는 것을 보였다. 또한 기술 측면에서도 바깥에서 드러나는 빛나는 기술뿐만 아니라, 이공계 모든 기술들이 동원되어 전자공학뿐만 아니라, 정밀 기계, 정밀 화학 등이 요구됨을 시사했으며 그간 있었던 기술의 위계 또한 현재의 격변을 충분히 받아들여야 함을 제시했다. 또한 이는 한 기업만의 문제가 아닌 한국 사회의 산업 생태계 변경의 문제이기도 하다. 갈수록 중요해지는 인간의 역량과 중소기업의 실력에 대해 국가차원의 전폭적인 지원이 필요하다. 그래야만 한국 반도체는 근본적인 해결책을 찾게 될 것임을 알 수 있다. 압축적 성장의 빛나는 과실을 대부분 쟁취할 수 있었던 빛나는 기업과 영웅들에는 언제나 피땀눈물을 흘렸던 빛바래고 스포트라이트를 받지 못했던 이들의 수고가 상당히 숭고했고, 소중했음을 잊지 말아야 한다. 그것이 산업 생태계의 재생산을 가능하게 할 것이다.

문명이 완벽하게 0,1 신호로 대체되지 않은 이상, 인간의 손짓과 말짓은 행위와 언어로 남아있을 것이다. 이 책도 그 흔적이다. 흔적에는 격려해주신 분, 도와주신 분들의 수고가 진하게 베어있다. 무엇보다 반도체 산업에 대해 몇 가지 말씀드렸더니 그것을 꼭 책으로 써보라고 하셨던 연세대학교 문화인류학과 은사 조문영 교수님께 감사인사를 드린다. 그리고 반도체 산업에 대해서 학문적 접근이 필요한지에 대해 고민할 때 적극적으로 나서주신 경남대학교 양승훈 교수님께 감사의 말씀을 드리며, 양승훈 선생님 덕에 제조업과 반도체에 대해서 심도있게 이야기를 나눌 수 있었던 울산대학교 조형제 교수님, 강원대학교 정준호 교수님, 한국학중앙연구원의 김철식 교수님께 감사의 말씀을 드린다. 그리고 부족하나마 첫 책 이후에 산업별 엔지니어에 관해 연구하시는 분들을 많이 만나게 되었는데, 박근태 박사님을 중심으로 한 엔지니어 연구모임 구성원에게도 감사의 말씀을 드린다.

삼성에서부터 연을 맺고 상사이자 선배로 격려를 아끼지 않으셨고, 10년 회사 생활을 이어갈 수 있었던 동력이 돼주셨고, 이후에도 함께 반도체 업계의 발전을 위해 노력하는 (주)칸 이경환 대표님께도 각별한 감사 인사를 드린다. 회사에서 오랜 기간 협업했으며, 일찍 나간 후배의 강의 자리도 직접 알아봐주셨던 진성호 박사님도 이후 삶이 더욱 풍성해지시길 기원한다. 삼성 교육부서의 오랜 선배이자 도움주셨던 가천대학교 정헌 선배님께도 감사의 인사를 올린다. 나노기술원 김영관 실장님은 반도체 업계의 인력 양성과 기술력 발전을 위해서 여전히 애쓰시고 계심과 지원해 주심에 감사 인사를 드린다.

누구보다 터놓고 삶에 대한 이야기를 나눌 수 있는 (주)애프앤씨 권혁배 대표님께 진한 감사의 인사를 전한다.

반도체 업계에서 선배이자 동반자로 함께 일하고 있는 김영완 박사에게 들었던 수많은 조언과 진심 어린 의견은 감동적이었다. 나의 부족함에도 반도체 산업의 성장을 함께 힘쓰고 있는 (주)한반도의 동업자 양준석님에게도 감사의 인사를 드린다. 산업의 현장에서 AI 제품 개발에 힘쓰고, 함께 AI 연구를 진행하고 있는 이기문님에게도 감사의 말씀을 드리며, 기술뿐만 아니라 문화인류학적 결과물들을 인문예술 대중화에 함께 헌신하고 있는 (주)마로이즘 대표 홍지연님께도 각별한 감사의 인사를 전한다.

이름을 밝힐 수는 없으나 반도체 업계에서 함께 동고동락하는 분들께 감사의 말씀을 전한다. 무엇보다도 첫 저자로서 길을 열어주신 북루덴스 고진 대표님께 각별한 감사를 드리며, 계속 협업할 수 있어 영광이었다. 편집 및 마케팅 담당자께도 부족한 글을 더욱 가치 있게 만들어주신 것에 감사드린다. 특히 24시간 산업 현장에서 몸과 마음을 다해, 그리고 자신의 성장과 회사, 산업의 성장에 애쓰시는 모든 분께 무한한 존경을 표현하며, 그들의 건강과 성취를 언제나 응원한다. 그간 잘 길러주신 부모님 박기, 이순임 두 분께, 세 딸의 부모가 함께 되도록 언제나 애쓰는 사랑해마지 않는 아내 정은혜, 그리고 가온, 재인, 서연에게 마음의 크기와 번역할 수 없는 감사의 말씀을 드립니다.

2025년 5월 위기와 기회의 한 지층에서

참고 도서

PART1
송재용, 이경묵 지음, 『삼성 웨이』, 21세기북스, 2013
주디스 버틀러, 『위태로운 삶 애도의 힘과 폭력』, 윤조원 옮김, 필로소픽, 2018
권오현 저, 『초격차』, 쌤앤파커스, 2018
구해근 지음, 『특권 중산층』, 창비, 2022
정형곤, 『글로벌 반도체 공급망 재편』, 대외정책연구원, 2023
경향신문, 2024.4.17, "주말 출근으로 위기 극복?···삼성, '임원 주 6일제' 확대"
https://www.khan.co.kr/article/202404171750001
동아일보, 2024.10.18, "삼성 반도체 수장의 사과문···사과에만 머물진 않았다"
https://www.donga.com/news/Economy/article/all/20241008/130174416/1

PART2
마이클 말론 지음, 『인텔 끝나지 않은 도전과 혁신』, 김영일 옮김, 디아스포라, 2016
황창규 지음, 『황의 법칙』, 시공사, 2023
제임스 애슈턴 저, 『ARM, 모든 것의 마이크로칩』, 백우진 역, 생각의 힘, 2024
크리스 밀러 지음, 『칩워』, 노정태 옮김, 부키, 2023
강기동 저, 『강기동과 한국 반도체』, 아모르문디, 2018
린훙원 저, 『TSMC, 세계 1위의 비밀』, 허유영 역, 생각의 힘, 2024
이승우 지음, 『반도체 오디세이 한 권으로 끝내는 반도체의 역사와 세계 반도체 전쟁의 모든
것』, 위너스북, 2023
서영민 지음, 『삼성전자 시그널』, 한빛비즈, 2025
김동수 외, 「대만 반도체 산업 분석 및 정책적 시사점」 산업연구원, 2024
Hyeong-ki Kwon 2024, 『Openness and Coordination, National Economies of the U.S.,
Japan, and Germany in a Globalized World』, Palgrave Macmillan

PART3
「향후 10년 반도체 산업 인력 전망」, 한국반도체산업협회, 2022

PART4
제임스 애슈턴 저, 『ARM, 모든 것의 마이크로칩』, 백우진 역, 생각의 힘, 2024
마이클 말론 지음, 『인텔 끝나지 않은 도전과 혁신』, 김영일 옮김, 디아스포라, 2016
강기동 저, 『강기동과 한국 반도체』, 아모르문디, 2018
Fraser, N. 『Feminism, capitalism and the cunning of history』, Routledge, 2017
삼성전자주식회사, 『삼성전자 40년』, 삼성전자, 2010
송재용, 이경묵 지음, 『삼성 웨이』, 21세기북스, 2013
박준영, 『반도체를 사랑한 남자』, 북루덴스, 2023
황창규 지음, 『황의 법칙』, 시공사, 2023
지미 소니, 로브 굿맨 지음, 『저글러, 땜장이, 놀이꾼, 디지털 세상을 설계하다』, 양병찬 옮김, 곰
출판, 2020
베네딕투스 데 스피노자 지음, 『에티카』, 조현진 옮김, 책세상, 2019